Wolfgang Grill, Hubert Reip
bearbeitet von
Hannelore Grill, Hubert Reip, Dr. jur. Stefan Reip

Einführung in das Arbeits- und Sozialrecht

Lehrbuch und Aufgabensammlung

21. Auflage

Stand: März 2012

Bestellnummer 00437

Haben Sie Anregungen oder Kritikpunkte zu diesem Produkt?
Dann senden Sie eine E-Mail an 00437_021@bv-1.de
Autoren und Verlag freuen sich auf Ihre Rückmeldung.

www.bildungsverlag1.de

Bildungsverlag EINS GmbH
Hansestraße 115, 51149 Köln

ISBN 978-3-441-00437-0

© Copyright 2012: Bildungsverlag EINS GmbH, Köln
Das Werk und seine Teile sind urheberrechtlich geschützt. Jede Nutzung in anderen als den gesetzlich zugelassenen Fällen bedarf der vorherigen schriftlichen Einwilligung des Verlages.
Hinweis zu § 52a UrhG: Weder das Werk noch seine Teile dürfen ohne eine solche Einwilligung eingescannt und in ein Netzwerk eingestellt werden. Dies gilt auch für Intranets von Schulen und sonstigen Bildungseinrichtungen.

Vorwort

Mit diesem Buch soll in leicht verständlicher Weise ein erster Überblick über das Arbeits- und Sozialrecht gegeben werden.

Besonderer Wert wurde auf eine praxisnahe Darstellung gelegt, damit das Buch auch als Orientierungshilfe in arbeits- und sozialrechtlichen Problemsituationen dienen kann. Zur Veranschaulichung arbeitsrechtlicher Regelungen sind der Darstellung zahlreiche praktische Beispiele zugeordnet. Grafische Darstellungen und tabellarische Übersichten sollen das Lernen erleichtern.

Die „Einführung in das Arbeits- und Sozialrecht" vermittelt Informationen und gibt Möglichkeiten zur Anwendung und Überprüfung des Gelernten. Jedem Themenkreis sind Aufgaben und Fragen zur Wiederholung des Grundwissens angeschlossen. Mit den Aufgaben kann das Verständnis des Gelernten überprüft werden; sie können aber auch so eingesetzt werden, dass mit der Problemsituation einer Aufgabe der Lernprozess eingeleitet wird. Die Wiederholungsfragen dienen der Kontrolle des Grundwissens und ermöglichen eine ökonomische Prüfungsvorbereitung.

Da das Arbeitsrecht zu einem größeren Teil als andere Rechtsgebiete aus „Richterrecht" besteht, bewirkt die Rechtsprechung, ohne Veränderung des Gesetzesrechts, häufig eine veränderte Rechtssituation des Arbeitnehmers. Deshalb werden auch neuere arbeitsrechtliche Entscheidungen berücksichtigt.

Die **21. Auflage** befindet sich auf dem Stand der Gesetzgebung und der Rechtsprechung vom März 2012.

Alle im Bereich der Sozialversicherung geltenden Höchstbeträge und Bemessungsgrundlagen wurden aktualisiert.

Die Verfasser

Inhaltsverzeichnis

1	**Grundlagen des Arbeitsrechts**	9
1.1	Aufgaben und Wesen des Arbeitsrechts	9
1.2	Anwendungsbereich des Arbeitsrechts	10
1.3	Rechtsquellen des Arbeitsrechts	11
1.3.1	Staatlich gesetztes Arbeitsrecht	11
1.3.1.1	Verfassungsrecht	11
1.3.1.2	Gesetzesrecht	11
1.3.2	Vertraglich (autonom) geschaffenes Arbeitsrecht	12
1.3.3	Ungeschriebenes Arbeitsrecht	12
1.4	Rangordnung arbeitsrechtlicher Regelungen	12
1.5	Rechtsgebiete des Arbeitsrechts	13
	Aufgaben und Wiederholungsfragen	14
2	**Entstehung und Inhalt des Arbeitsverhältnisses**	16
2.1	Arbeitsverhältnis und Arbeitsvertrag	16
2.2	Die Anbahnung des Arbeitsvertrags	17
2.2.1	Arbeitsvermittlung	17
2.2.2	Einstellungsverhandlungen	17
2.3	Abschluss des Arbeitsvertrags	18
2.3.1	Abschlussfreiheit	18
2.3.1.1	Abschlussgebote und Abschlussverbote	18
2.3.1.2	Diskriminierungsverbote	19
2.3.1.3	Zustimmungspflicht bei Abschluss eines Arbeitsvertrags	19
2.3.2	Formfreiheit	19
2.3.3	Gestaltungsfreiheit	20
2.4	Pflichten und Rechte aus dem Arbeitsvertrag	20
2.4.1	Pflichten und Rechte des Arbeitnehmers	20
2.4.1.1	Pflichten des Arbeitnehmers	20
2.4.1.2	Rechte des Arbeitnehmers	23
2.4.2	Pflichten und Rechte des Arbeitgebers	25
2.4.2.1	Pflichten des Arbeitgebers	25
2.4.2.2	Rechte des Arbeitgebers	26
	Aufgaben und Wiederholungsfragen	27
3	**Beendigung des Arbeitsverhältnisses**	29
3.1	Gründe für die Beendigung des Arbeitsverhältnisses	29
3.2	Sonderfälle, die das Arbeitsverhältnis nicht beenden	30
3.3	Die Kündigung des Arbeitsverhältnisses	30
3.3.1	Wesen der Kündigung	30
3.3.2	Die ordentliche Kündigung	31
3.3.2.1	Gesetzliche Kündigungsfristen	31
3.3.2.2	Kündigungsgründe	32
3.3.2.3	Abweichende Vereinbarungen	32

3.3.3	Die außerordentliche Kündigung	33
3.3.4	Die Abmahnung	34
3.3.5	Pflichten von Arbeitgeber und Arbeitnehmer bei Beendigung des Arbeitsverhältnisses	34
3.3.5.1	Pflichten des Arbeitgebers	34
3.3.5.2	Pflichten des Arbeitnehmers	35
3.4	**Der Kündigungsschutz**	36
3.4.1	Allgemeiner Kündigungsschutz	36
3.4.1.1	Die sozial ungerechtfertigte Kündigung	36
3.4.1.2	Mitwirkung des Betriebsrats	38
3.4.1.3	Kündigungsschutz bei Massenentlassungen	38
3.4.2	Kündigungsschutz für besondere Arbeitnehmergruppen	38
	Aufgaben und Wiederholungsfragen	39
4	**Das Arbeitsschutzrecht**	42
4.1	**Begriff und Aufgaben des Arbeitsschutzes**	42
4.2	**Gesundheits- und Unfallschutz**	43
4.2.1	Allgemeiner Gesundheitsschutz	43
4.2.2	Gesundheitsschutz für besondere Arbeitnehmergruppen	43
4.3	**Arbeitszeitschutz**	44
4.3.1	Allgemeiner Arbeitszeitschutz	44
4.3.2	Arbeitszeitschutz für besondere Arbeitnehmergruppen	45
4.4	**Urlaubsanspruch**	46
4.4.1	Allgemeiner Urlaubsanspruch	46
4.4.1.1	Anspruch auf Urlaubserteilung	46
4.4.1.2	Anspruch auf Urlaubsabgeltung	46
4.4.2	Urlaubsansprüche besonderer Personenkreise und Elterngeld	46
4.5	**Kündigungsschutz**	47
4.6	**Die Arbeitsgerichtsbarkeit**	49
	Aufgaben und Wiederholungsfragen	50
5	**Besondere Formen des Arbeitsverhältnisses**	52
5.1	**Das Berufsausbildungsverhältnis**	52
5.1.1	Berufsausbildungsverhältnis und Berufsausbildungsvertrag	52
5.1.2	Die Ausbildungsordnung	53
5.1.3	Pflichten aus dem Ausbildungsvertrag	53
5.1.3.1	Pflichten des Ausbildenden	53
5.1.3.2	Pflichten des Auszubildenden	54
5.1.4	Beendigung des Berufsausbildungsverhältnisses	54
5.2	**Das befristete Arbeitsverhältnis**	55
5.3	**Das Teilzeitarbeitsverhältnis**	56
5.3.1	Allgemeine Vorschriften	56
5.3.2	Altersteilzeitarbeit	57
5.3.3	Arbeitsplatzteilung	57

5.4	Das Leiharbeitsverhältnis	58
	Aufgaben und Wiederholungsfragen	58
6	**Tarifvertragsrecht und Arbeitskampf**	60
6.1	Der Tarifvertrag	60
6.1.1	Tarifvertragsparteien	60
6.1.2	Abschluss und Inhalt des Tarifvertrags	61
6.1.3	Tarifgebundenheit	63
6.2	Die Betriebsvereinbarung	63
6.3	Der Arbeitskampf	65
6.3.1	Der Arbeitskampf in einer freiheitlichen, demokratischen Grundordnung	65
6.3.1.1	Arbeitskampf als wirtschaftliches Druckmittel	65
6.3.1.2	Grundsätze rechtmäßiger Kampfführung	65
6.3.2	Der Streik	65
6.3.3	Die Aussperrung	67
6.3.4	Das Schlichtungsverfahren	67
6.3.5	Der Ablauf des Arbeitskampfes	68
6.3.6	Auswirkungen von Arbeitskämpfen	69
6.3.7	Die Neutralität der Bundesagentur für Arbeit	70
	Aufgaben und Wiederholungsfragen	71
7	**Das Recht der Mitbestimmung**	74
7.1	Mitbestimmung in Betrieb und Unternehmen	74
7.1.1	Begründung der Mitbestimmung	74
7.1.2	Die Ebenen der Mitbestimmung	75
7.2	Die Beteiligungsrechte des Arbeitnehmers auf der Ebene des Arbeitsplatzes	76
7.3	Die Betriebsverfassung und ihre Organe	76
7.3.1	Betriebsrat	76
7.3.2	Betriebsversammlung	77
7.3.3	Jugend- und Auszubildendenvertretung	77
7.4	Betriebsrat und betriebliche Mitbestimmung	78
7.4.1	Die Bildung des Betriebsrats	78
7.4.1.1	Errichtung	78
7.4.1.2	Wahlrecht und Amtszeit	78
7.4.1.3	Wahlverfahren	79
7.4.1.4	Anzahl der Betriebsratsmitglieder und Zusammensetzung des Betriebsrats	79
7.4.2	Die allgemeinen Aufgaben des Betriebsrats	80
7.4.3	Die Abstufung der Beteiligungsrechte des Betriebsrats	81
7.4.4	Beteiligung des Betriebsrats in sozialen Angelegenheiten	81
7.4.5	Beteiligung des Betriebsrats in personellen Angelegenheiten	82
7.4.6	Beteiligung des Betriebsrats in wirtschaftlichen Angelegenheiten	83
7.4.7	Personalvertretung im öffentlichen Dienst	84
7.5	Unternehmensmitbestimmung	86
7.5.1	Wesen der Unternehmensmitbestimmung	86
7.5.2	Unternehmensmitbestimmung nach dem Drittelbeteiligungsgesetz	87

7.5.3	Unternehmensmitbestimmung nach dem Mitbestimmungsgesetz von 1976	87
7.5.4	Unternehmensmitbestimmung in der Montanindustrie	88
	Aufgaben und Wiederholungsfragen	91
8	**Sozialrecht**	**95**
8.1	**Die soziale Sicherung in der Bundesrepublik Deutschland**	95
8.1.1	Begriff und Aufgaben des Sozialrechts	95
8.1.2	Prinzipien der sozialen Sicherung	96
8.1.3	Das System der sozialen Sicherung	97
8.2	**Grundlagen der Sozialversicherung**	98
8.2.1	Wesen und Aufgaben der Sozialversicherung	98
8.2.1.1	Sozialversicherung im System der sozialen Sicherung	98
8.2.1.2	Selbstverwaltung in der Sozialversicherung	98
8.2.1.3	Der Sozialversicherungsausweis	99
8.2.2	Versicherungspflicht und Beitragszahlung	100
8.2.2.1	Allgemeine Versicherungspflicht	100
8.2.2.2	Beiträge und Beitragsbemessungsgrenzen für sozialversicherungspflichtige Hauptbeschäftigungen	100
8.2.2.3	Beiträge für geringfügige Beschäftigungen (Minijobs und kurzfristige Beschäftigung)	102
8.3	**Die Krankenversicherung und die Gesundheitsreform**	103
8.3.1	Aufgaben der Krankenversicherung	103
8.3.2	Gesetzliche Grundlagen und Träger der Krankenversicherung	103
8.3.3	Versicherte	104
8.3.3.1	Pflichtversicherung in der gesetzlichen Krankenkasse	104
8.3.3.2	Versicherungspflicht für alle nicht versicherten Personen	105
8.3.4	Leistungen der Krankenversicherung	105
8.3.4.1	Umfang der Leistungen	105
8.3.4.2	Einschränkungen im Leistungskatalog	106
8.3.4.3	Zuzahlungen durch die Patienten (§ 61 SGB V)	106
8.3.5	Wahlleistungen	107
8.3.6	Finanzierung der gesetzlichen Krankenversicherung: der Gesundheitsfonds	108
8.4	**Die Pflegeversicherung**	110
8.4.1	Aufgaben der Pflegeversicherung	110
8.4.2	Gesetzliche Grundlagen und Träger der Pflegeversicherung	111
8.4.3	Versicherte	111
8.4.4	Leistungen der Pflegeversicherung	111
8.4.5	Finanzierung der Pflegeversicherung	112
8.5	**Die Rentenversicherung**	112
8.5.1	Aufgaben der Rentenversicherung	112
8.5.2	Gesetzliche Grundlagen und Träger der Rentenversicherung	112
8.5.3	Versicherte	113
8.5.4	Übersicht über die Leistungen der Rentenversicherung	113
8.5.5	Altersrenten	114
8.5.6	Renten wegen verminderter Erwerbsfähigkeit	115
8.5.7	Renten wegen Todes (Hinterbliebenenrenten)	115

8.5.8	Rentenberechnung	116
8.5.9	Finanzierung der Rentenversicherung	117
8.5.10	Staatlich geförderte private Altersvorsorge	117
8.6	**Arbeitsförderung**	118
8.6.1	Aufgaben der Arbeitsförderung	118
8.6.2	Gesetzliche Grundlagen und Träger der Arbeitsförderung	118
8.6.3	Geschützter Personenkreis und Versicherungspflicht	119
8.6.4	Bereiche der Arbeitsförderung	119
8.6.5	Entgeltersatzleistungen	120
8.6.5.1	Arten der Leistung	120
8.6.5.2	Arbeitslosengeld I	120
8.6.5.3	Kurzarbeitergeld (§§ 169 bis 182 SGB III)	121
8.6.5.4	Insolvenzgeld (§§ 183 bis 189 SGB III)	122
8.6.6	Finanzierung der Bundesagentur für Arbeit	122
8.7	**Grundsicherung**	122
8.7.1	Zweck der Grundsicherung	122
8.7.2	Grundsicherung für Arbeitsuchende: Arbeitslosengeld II	123
8.7.3	Grundsicherung im Alter und bei Erwerbsminderung	124
8.8	**Die Unfallversicherung**	125
8.8.1	Aufgaben der gesetzlichen Unfallversicherung	125
8.8.2	Gesetzliche Grundlagen und Träger der gesetzlichen Unfallversicherung	125
8.8.3	Versicherte	125
8.8.4	Leistungen der Unfallversicherung	126
8.8.5	Finanzierung der gesetzlichen Unfallversicherung	126
8.9	**Die Sozialhilfe**	126
8.9.1	Aufgabe der Sozialhilfe	126
8.9.2	Träger der Sozialhilfe	127
8.9.3	Leistungen der Sozialhilfe	127
8.10	**Die Betriebsrente**	128
8.10.1	Formen der betrieblichen Altersversorgung	128
8.10.2	Die Direktzusage	128
8.10.3	Die Unterstützungskasse	129
8.10.4	Die Pensionskasse	129
8.10.5	Die Direktversicherung	129
8.10.6	Der Pensionsfonds	130
8.10.7	Entgeltumwandlung	130
8.10.8	Anpassungspflicht von Betriebsrenten (§ 16 BetrAVG)	130
8.10.9	Pensionssicherungsverein	131
8.10.10	Übergang zur nachgelagerten Besteuerung	131
8.11	**Die Sozialgerichtsbarkeits**	131
	Aufgaben und Wiederholungsfragen	134
Abkürzungsverzeichnis		139
Sachwortverzeichnis		140
Bildquellenverzeichnis		143

1 Grundlagen des Arbeitsrechts

1.1 Aufgaben und Wesen des Arbeitsrechts

Die Arbeit dient dem Erwerb des Lebensunterhalts. In der modernen Industriegesellschaft übt nur ein geringer Teil unserer Mitmenschen die Arbeit selbstständig aus. Die meisten nehmen **Arbeit gegen Entgelt** an. Sie sind **Arbeitnehmer**, die sich in eine betriebliche Gemeinschaft einzuordnen und nach den Weisungen desjenigen zu richten haben, der ihnen die Arbeit gibt.

Arbeitnehmer verrichten ihre Arbeit in fremden Diensten, sie sind also nicht selbstständig. Dem Arbeitgeber steht auch das Ergebnis ihrer Arbeit zu.

Der Arbeitnehmer befindet sich in einer abhängigen Stellung:

- Der Arbeitnehmer ist persönlich abhängig, weil er die dienstlichen Anweisungen des Arbeitgebers befolgen muss.

> **Die wirtschaftliche und soziale Stellung von Arbeitgebern und Arbeitnehmern**
> Gerhard Eppinger betreibt eine Buchhandlung im Geschäftszentrum einer Kleinstadt Nordrhein-Westfalens. Er beschäftigt zwei ausgebildete Buchhändlerinnen. Eppinger allein ist weisungsberechtigt, er entscheidet z. B. über Einstellungen und Entlassungen von Personal und weist seinem Personal die Arbeit an. Gerhard Eppinger ist nicht weisungsgebunden. Er ist in seiner sozialen Stellung selbstständig. Die bei ihm beschäftigten Buchhändlerinnen müssen die Weisungen ihres Arbeitgebers befolgen. Sie sind in einer sozial abhängigen Stellung. Wirtschaftlich abhängig ist in gewissem Sinne auch der Buchhändler, weil er auf seine Kunden angewiesen ist.

- Der Arbeitnehmer ist vom Arbeitgeber wirtschaftlich abhängig, weil er durch eine Kündigung die Grundlage für seinen Lebensunterhalt verlieren kann.

Als persönlich und wirtschaftlich Abhängiger benötigt der Arbeitnehmer Schutz. Diesen Schutz gibt das **Arbeitsrecht**. Es sichert dem Arbeitnehmer die Wahrnehmung seiner Interessen gegenüber dem Arbeitgeber. Das Arbeitsrecht ist das Sonderrecht des Arbeitnehmers. Es ist die rechtliche Ordnung, die für die in einem Betrieb/Unternehmen in abhängiger Form geleistete Arbeit gilt.

1.2 Anwendungsbereich des Arbeitsrechts

Die Regelungen des Arbeitsrechts sind nur auf Arbeitnehmer anzuwenden. Gesetzlich ist der Begriff des Arbeitnehmers nicht eindeutig festgelegt. Der Gesetzgeber hat damit die Beantwortung der Frage, auf wen das Arbeitsrecht anzuwenden ist, weitgehend den Gerichten überlassen.

Die Gerichte haben zur Abgrenzung einer Arbeitnehmertätigkeit von einer selbstständigen Tätigkeit folgende Merkmale entwickelt:

Ein Arbeitnehmer

- leistet weisungsgebundene Arbeit gegen Entgelt,
- ist in die Arbeitsorganisation eines Betriebs/eines Unternehmens eingegliedert,
- ist sozial schutzbedürftig.

Richter, Beamte und Soldaten fallen nicht unter das Arbeitsrecht, weil sie nicht in einem privatwirtschaftlichen, sondern in einem öffentlich-rechtlichen Dienstverhältnis tätig sind.

Für **Auszubildende** gilt das Arbeitsrecht, da das Berufsausbildungsverhältnis als ein besonders ausgestaltetes Arbeitsverhältnis anzusehen ist (siehe 5.1).

Keine Arbeitnehmer sind:
- Selbstständige und Freiberufler,
- Vorstandsmitglieder einer AG,
- Geschäftsführer einer GmbH,
- Gesellschafter einer OHG,
- Komplementäre einer KG,
- mithelfende Familienmitglieder.

Auch **leitende Angestellte** zählen zu den Arbeitnehmern. Sie unterscheiden sich von den übrigen Arbeitnehmern dadurch, dass sie für den Betrieb oder das Unternehmen in eigener Verantwortung Unternehmerfunktionen ausüben. Dabei haben sie einen erheblichen **Entscheidungsspielraum**. Grundsätzlich gilt auch für sie das Arbeitsrecht, jedoch mit einigen bedeutenden Abweichungen; z. B. werden bei der fristlosen Kündigung geringere Anforderungen an den Kündigungsgrund gestellt; die Möglichkeit, Überstundenvergütung zu verlangen, ist eingeengt. Leitende Angestellte nehmen nicht an der Wahl des Betriebsrates teil und können nicht in den Betriebsrat gewählt werden.

Es gibt einen Kreis von Beschäftigten, die weder weisungsgebunden arbeiten noch in eine fremdbestimmte Arbeitsorganisation eingebunden sind und deshalb keine Arbeitnehmer sind. Obwohl sie in persönlicher Selbstständigkeit arbeiten, ist ihre wirtschaftliche Abhängigkeit so groß, dass sie die **soziale Stellung eines Arbeitnehmers** haben und zumindest in Teilbereichen schutzbedürftig sind.

Arbeitnehmerähnliche Personen:
- Heimarbeiter,
- Handelsvertreter, die nur für eine Firma tätig sind (Bausparkassenvertreter, Versicherungsvertreter, § 84 Abs. 1 HGB),
- Freie Mitarbeiter, die nur für ein Unternehmen tätig sind (Journalisten für eine Zeitung oder für einen Radiosender).

Auf diese **arbeitnehmerähnlichen Personen** findet aufgrund besonderer gesetzlicher Regelungen und der Rechtsprechung das Arbeitsrecht (insgesamt oder zum Teil) Anwendung. Im Streitfall sind für sie z. B. die Arbeitsgerichte zuständig, das Kündigungsschutzgesetz findet auf sie jedoch keine Anwendung (§ 12 a Tarifvertragsgesetz, § 5 Abs. 1 Arbeitsgerichtsgesetz).

1.3 Rechtsquellen des Arbeitsrechts

Das geltende Arbeitsrecht ist auf die folgenden drei Rechtsquellen zurückzuführen:
- staatlich gesetztes Arbeitsrecht (siehe 1.3.1),
- autonom (vertraglich) geschaffenes Arbeitsrecht (siehe 1.3.2),
- ungeschriebenes Arbeitsrecht (siehe 1.3.3).

1.3.1 Staatlich gesetztes Arbeitsrecht

1.3.1.1 Verfassungsrecht

Oberste Rechtsquelle ist das Grundgesetz für die Bundesrepublik Deutschland. Die darin enthaltenen Grundrechte stellen unmittelbar geltendes Recht dar und sind für Gesetzgebung, vollziehende Gewalt und Rechtsprechung bindend (Art. 1 Abs. 3 GG).

> **Arbeitsrechtlich bedeutsame Bestimmungen im Grundgesetz**
> Anspruch auf Unantastbarkeit der menschlichen Würde (Art. 1 Abs. 1) – Anspruch auf freie Entfaltung der Persönlichkeit (Art. 2 Abs. 1) – Anspruch auf rechtliche Gleichheit der Menschen und auf Gleichberechtigung von Mann und Frau (Art. 3 Abs. 1 und 2) – Anspruch von Ehe und Familie auf besonderen Schutz durch die staatliche Ordnung (Art. 6) – Garantie der Versammlungsfreiheit (Art. 8) – Anspruch auf Vereinigungsfreiheit (Koalitionsfreiheit) von Arbeitnehmern und Arbeitgebern, die sich zu Gewerkschaften und Arbeitgeberverbänden zusammenschließen dürfen (Art. 9 Abs. 3) – Garantie der Freizügigkeit im gesamten Bundesgebiet (Art. 11) – Garantie des Rechts, Beruf, Arbeitsplatz und Ausbildungsstätte frei zu wählen (Art. 12).

1.3.1.2 Gesetzesrecht

Das Gesetzgebungsrecht für arbeits- und sozialrechtliche Gesetze steht dem Bund und den Ländern zu. Die Länder üben das Gesetzgebungsrecht konkurrierend zum Bund aus. Sie können nur dann arbeitsrechtliche Gesetze erlassen, wenn der Bund von seinem Gesetzgebungsrecht keinen Gebrauch gemacht hat.

Durch Gesetz können die Bundesregierung, ein Bundesminister oder die Landesregierungen ermächtigt werden, **Rechtsverordnungen** zu erlassen. Rechtsverordnungen sind allgemein verbindliche Regelungen, die ohne Mitwirkung des Bundestags oder des Bundesrats aufgrund einer gesetzlichen Ermächtigung erlassen werden, z. B.: Die Wahlordnung zum Betriebsverfassungsgesetz.

> **Auswahl wichtiger arbeitsrechtlicher Gesetzesbestimmungen**
> Allgemeines Gleichbehandlungsgesetz – Arbeitsgerichtsgesetz – Arbeitsschutzgesetz – Arbeitszeitgesetz – Berufsbildungsgesetz – Betriebsverfassungsgesetz – Bundeselterngeld- und Elternzeitgesetz – Bundesurlaubsgesetz – Bürgerliches Gesetzbuch (Dienstvertrag) §§ 611 bis 630 – Drittelbeteiligungsgesetz – Entgeltfortzahlungsgesetz – Gewerbeordnung – Handelsgesetzbuch (Handlungsgehilfen und Handlungslehrlinge) §§ 59 bis 83 – Jugendarbeitsschutzgesetz – Kündigungsschutzgesetz – Mitbestimmungsgesetze – Mutterschutzgesetz – Nachweisgesetz – Sozialgesetzbuch IX (Rehabilitation und Teilhabe behinderter Menschen) – Tarifvertragsgesetz

1.3.2 Vertraglich (autonom) geschaffenes Arbeitsrecht

Arbeitsrecht kann auch ohne staatliche Mitwirkung (autonom) durch Gesamtvereinbarungen (kollektive Vereinbarungen) geschaffen werden. Die darin getroffenen Regelungen gelten dann für alle davon betroffenen Einzelarbeitsverhältnisse.

Tarifverträge werden zwischen Gewerkschaften und Arbeitgeberverbänden bzw. einzelnen Arbeitgebern abgeschlossen (siehe 6.1).

Betriebsvereinbarungen sind Verträge zwischen einem Arbeitgeber und einem Betriebsrat (siehe 6.2).

1.3.3 Ungeschriebenes Arbeitsrecht

Das Arbeitsrecht enthält mehr ungeschriebenes Recht als jedes andere Rechtsgebiet. Es ist zu einem großen Teil **Richterrecht.** Die vielfältigen Konfliktfälle, die im heutigen Arbeitsleben auftreten, können vom Gesetzgeber nicht von vornherein vollständig geregelt werden. Die Gerichte haben im besonderen Maße auch die Aufgabe, das Arbeitsrecht fortzuentwickeln.

Daneben gibt es als Rechtsquelle des Arbeitsrechts noch die sog. **betriebliche Übung.** Sie entsteht durch wiederholtes, bewusstes Verhalten von Arbeitgebern und Arbeitnehmern im Betrieb. Dadurch entsteht das Vertrauen, dass diese Übung fortgesetzt werden soll. So kann aus einer dreimaligen Zahlung einer freiwilligen betrieblichen Zuwendung (z. B. Weihnachtsgeldzahlung) an die Arbeitnehmer ein Rechtsanspruch auf diese Leistung auch für die Zukunft entstehen.

Rechtsquellen des Arbeitsrechts					
staatlich gesetztes Recht		**vertraglich (autonom) geschaffenes Recht**		**ungeschriebenes Recht**	
Verfassungsrecht	Gesetzesrecht	Tarifvertrag	Betriebsvereinbarung	Richterrecht	betriebliche Übung

1.4 Rangordnung arbeitsrechtlicher Regelungen

Für die Lösung eines arbeitsrechtlichen Falles können Regelungen in verschiedenen Rechtsquellen enthalten sein. Diese Rechtsquellen können sich widersprechen. In einem Konfliktfall gilt das jeweils ranghöhere Recht. Das Verfassungsrecht (Grundgesetz, Länderverfassungen) steht über dem Gesetzesrecht. Dieses wiederum hat Vorrang vor den Rechtsnormen des Tarifvertrags, der im Rang vor der Betriebsvereinbarung steht. Die Betriebsvereinbarung geht dem Einzelarbeitsvertrag vor.

Damit sind unwirksam

- verfassungswidrige Gesetze,
- gesetzeswidrige Tarifvereinbarungen,
- tarifwidrige Arbeitsverträge,
- vertragswidrige Arbeitsanweisungen.

Auswirkung der Rangordnung arbeitsrechtlicher Regelungen
Würde in einem Tarifvertrag für Frauen bei gleicher Arbeit ein niedrigerer Lohn als für Männer festgelegt, dann wäre diese Regelung unwirksam. Sie verstößt gegen Art. 3 des Grundgesetzes.

In manchen Gesetzen ist festgelegt, dass von den Regelungen in bestimmten Paragrafen durch Tarifvertrag oder Einzelarbeitsvertrag abgewichen werden kann. Solche Rechtsnormen bezeichnet man als **nachgiebiges** (dispositives) **Recht**. Einige Gesetzesnormen können nur im Tarifvertrag, nicht aber im Einzelarbeitsvertrag abgeändert werden.

Aus dem **Vertrag über die Arbeitsweise der Europäischen Union (AEUV)** ergibt sich unmittelbar geltendes Arbeitsrecht (z. B. aus Art. 45 die Freizügigkeit der Arbeitnehmer innerhalb der EG), das durch nationales Recht nicht geändert werden kann. Außerdem fordern Richtlinien der EU die Umsetzung in nationales Recht. Wird eine Richtlinie nicht vollständig in dem angegebenen Zeitraum umgesetzt, findet sie im nationalen Recht unmittelbare Anwendung, sofern sie hinreichend bestimmt ist. Ansonsten hat der Bürger einen Anspruch auf Schadenersatz.

Im Arbeitsrecht wird von dem **Rangprinzip** jedoch abgewichen, wenn die nach der Rangordnung niedrigere Regelung für den Arbeitnehmer günstiger ist **(Günstigkeitsprinzip)**.

Anwendung des Günstigkeitsprinzips
- Wenn der Arbeitgeber dem Arbeitnehmer im Arbeitsvertrag mehr Urlaub zusagt, als im Bundesurlaubsgesetz zugesichert ist, gilt die Regelung des Arbeitsvertrags.
- Wenn der Arbeitnehmer einen Arbeitsvertrag abschließt, in dem das Arbeitsentgelt über dem im Tarifvertrag vereinbarten Entgelt liegt, hat er einen Rechtsanspruch auf das im Einzelarbeitsvertrag festgelegte Entgelt.

1.5 Rechtsgebiete des Arbeitsrechts

Das Arbeitsrecht lässt sich in die folgenden Rechtsgebiete aufteilen:
- Individualarbeitsrecht,
- Kollektivarbeitsrecht.

Das **Individualarbeitsrecht** regelt die Beziehungen zwischen dem einzelnen Arbeitgeber und dem einzelnen Arbeitnehmer. Dazu zählen z. B. die Vorschriften über das Zustandekommen des Arbeitsverhältnisses, über die Pflichten der Parteien im Arbeitsverhältnis und die Regelungen zur Beendigung von Arbeitsverhältnissen. Es geht um die Rechte und Pflichten zwischen dem einzelnen Arbeitnehmer und seinem direkten Arbeitgeber. Auch die Vorschriften des Arbeitsschutzes (z. B. Mutterschutzgesetz, Arbeitszeitgesetz) wirken unmittelbar auf das Arbeitsverhältnis ein und können deshalb zum Individualarbeitsrecht gezählt werden.

Das **kollektive Arbeitsrecht** betrifft alle arbeitsrechtlichen Fragen, von denen die Arbeitnehmer als Gruppe („Kollektiv") betroffen sind, z. B. alle Arbeitnehmer eines Betriebs, alle Arbeitnehmer, die in der Bundesrepublik Deutschland im Bereich der Metallverarbeitung arbeiten. Dabei stehen die Gewerkschaften den Arbeitgeberverbänden oder ein Betriebsrat einem Arbeitgeber als Vertragspartner gegenüber. Zum kollektiven Arbeitsrecht zählen vor allem das Tarifvertragsrecht und das Betriebsverfassungsrecht.

Kapitel 1

Rechtsgebiete des Arbeitsrechts	
Individualarbeitsrecht	**Kollektivarbeitsrecht**

Beispiele:
• **Gesetzesrecht**
  Kündigungsschutzgesetz, Mutterschutzgesetz
• **Richterrecht**
  Kündigung nur nach Abmahnung
	Beispiele:
	• **Gesetzesrecht**
	  Tarifvertragsrecht, Betriebsverfassungsrecht (Betriebsrat)
	• **Tarifvertrag**
	  Tarifvertrag für die metallverarbeitende Industrie
	• **Richterrecht**
	  „Übermaßverbot" bei Streik (Entscheidung des Bundesarbeitsgerichts)

Aufgaben

1 Arbeitsleistungen als Arbeitnehmer und Arbeitsleistungen auf anderer Grundlage

a) Wer erbringt in den folgenden Fällen

   [1] Arbeitsleistungen als Arbeitnehmer,

   [2] Arbeitsleistungen auf anderer Grundlage?

   (A) Vorstandsmitglied einer Aktiengesellschaft

   (B) Assistenzarzt (Angestellter) in einer städtischen Klinik

   (C) Strafgefangener in einer Haftanstalt

   (D) OHG-Gesellschafter mit Geschäftsführungsbefugnis

   (E) Steuerberater bei Aufstellung der Steuerbilanz für einen Mandanten

   (F) Prokurist eines Privatbankhauses

   (G) Studienrat (Beamter) an einer kaufmännischen Berufsschule

   (H) Auszubildender in einem Industriebetrieb

b) Geben Sie bei Entscheidungen für [2] an, warum es sich nicht um eine Tätigkeit als Arbeitnehmer handelt, auf die das Arbeitsrecht anzuwenden ist.

2 Rangfolge im Arbeitsrecht

Eine gewerbliche Aushilfskraft vereinbart mit ihrem Arbeitgeber einen Stundenlohn von 10,00 EUR. Nach einigen Wochen erfährt sie, dass der für sie und ihren Arbeitgeber gültige Tarifvertrag für ihre Tätigkeit einen Stundensatz von 9,00 EUR vorsieht.

a) Welcher Stundenlohn steht der Aushilfskraft zu?

b) Wie ist die Rechtslage, wenn der Tarifvertrag einen Stundenlohn von 15,00 EUR vorsieht?

3 Rechtsgebiete des Arbeitsrechts

Wozu gehören die unten genannten Rechtsgebiete des Arbeitsrechts?

$\boxed{1}$ zum Individualarbeitsrecht,

$\boxed{2}$ zum Kollektivarbeitsrecht.

(A) Betriebsverfassungsrecht (Beispiel: Mitbestimmung des Betriebsrats in sozialen Angelegenheiten, § 87 BetrVG)

(B) Arbeitsschutzrecht (Beispiel: Beschäftigungsverbot für Kinder unter 15 Jahren, § 5 JArbSchG)

(C) Arbeitskampfrecht (Beispiel: Kein Arbeitslosengeld an Streikende, § 146 SGB III)

(D) Arbeitsvertragsrecht (Beispiel: Kündigungsfristen für längerfristig Beschäftigte, § 622 BGB)

(E) Tarifvertragsrecht (Beispiel: Regelung der Tarifgebundenheit der Tarifparteien, § 3 TVG)

Wiederholungsfragen

1. Welche Aufgaben hat das Arbeitsrecht?
2. Warum ist das Arbeitsrecht als besonderes Schutzrecht notwendig?
3. Auf welchen Personenkreis ist das Arbeitsrecht anzuwenden?
4. Auf welche Rechtsquellen ist das Arbeitsrecht zurückzuführen?
5. Wo ist das Koalitionsrecht verankert? Welche Rechte ergeben sich daraus für Arbeitgeber und Arbeitnehmer?
6. Nennen Sie mehrere Gesetze, in denen arbeitsrechtliche Regelungen enthalten sind!
7. Was sind Tarifverträge?
8. Was sind Betriebsvereinbarungen?
9. Welche Rangfolge gilt für arbeitsrechtliche Regelungen?
10. Was versteht man unter dispositivem (nachgiebigem) Arbeitsrecht?
11. Wodurch unterscheiden sich individuelles und kollektives Arbeitsrecht?

Kapitel 2

2 Entstehung und Inhalt des Arbeitsverhältnisses

2.1 Arbeitsverhältnis und Arbeitsvertrag

Unter einem **Arbeitsverhältnis** wird das Rechtsverhältnis zwischen dem einzelnen Arbeitnehmer und seinem Arbeitgeber verstanden. Der Arbeitnehmer ist vor allem zur Leistung von Arbeit für den Arbeitgeber, der Arbeitgeber zur Leistung der versprochenen Vergütung verpflichtet. Das Arbeitsverhältnis wird durch einen Arbeitsvertrag (Einzelarbeitsvertrag) begründet.

Der Arbeitsvertrag hat keine eigenständige Regelung in Gesetzesform gefunden. Er wird als eine Unterart des **Dienstvertrags** im Sinne von § 611 BGB aufgefasst. Für ihn gelten deshalb die Vorschriften des Allgemeinen Teils des Schuldrechts (§§ 241 bis 432 BGB).

Wichtige Regelungen zum Arbeitsverhältnis im BGB (Beispiele)	
§ 123	Anfechtbarkeit wegen Täuschung oder Drohung
§ 130	Wirksamwerden der Willenserklärung gegenüber Abwesenden (Kündigungsschreiben)
§ 611	Vertragstypische Pflichten beim Dienstvertrag
§ 612	Vergütung
§ 613 a	Rechte und Pflichten bei Betriebsübergang
§ 621	Kündigungsfristen bei Dienstverhältnissen
§ 622	Kündigungsfristen bei Arbeitsverhältnissen
§ 670	Auftrag (Vorstellungskosten)

2.2 Die Anbahnung des Arbeitsvertrags

2.2.1 Arbeitsvermittlung

Die **Anbahnung des Arbeitsvertrags** kann auf verschiedene Weise erfolgen, z. B. durch Vermittlung der Agentur für Arbeit (siehe dazu auch 8.6.4) oder privater Vermittler, durch Zeitungsinserate, durch innerbetriebliche Stellenausschreibung, aber auch durch Einschaltung von bereits im Betrieb beschäftigten Arbeitnehmern.

Die Inanspruchnahme der Bundesagentur für Arbeit (früher: Bundesanstalt für Arbeit) mit ihren Agenturen für Arbeit (früher: Arbeitsämter) zur **Arbeitsvermittlung** ist kostenlos. Eine private Arbeitsvermittlung bedarf nicht mehr der Genehmigung. Wer innerhalb der letzten drei Monate sechs Wochen arbeitslos ist, Arbeitslosengeld bezieht und von der Agentur für Arbeit noch nicht vermittelt ist, hat Anspruch auf einen Vermittlungsgutschein (§ 421g SGB III). Mit diesem Gutschein kann sich der Arbeitslose an einen privaten Vermittler wenden. Der Vermittlungsgutschein wird in Höhe von 2 000,00 EUR ausgestellt. Die Vergütung wird in Höhe von 1 000,00 EUR nach einer sechswöchigen und der Restbetrag nach einer sechsmonatigen Dauer des Beschäftigungsverhältnisses gezahlt. Ab dem 01.04.2012 werden diese Leistungen ausgeweitet, was auch durch die neue Bezeichnung „Aktivierungs- und Vermittlungsgutschein" deutlich wird.

2.2.2 Einstellungsverhandlungen

Der Arbeitgeber hat bei den Einstellungsverhandlungen den Bewerber über Anforderungen des Arbeitsplatzes zu unterrichten, wenn sie über das durchschnittliche Maß hinausgehen oder besondere gesundheitliche Belastungen zu erwarten sind. Wenn er einen Bewerber zur Vorstellung auffordert, hat er die **Bewerbungskosten** zu tragen (§ 670 BGB). Der Arbeitgeber kann den Ersatz von Vorstellungskosten ausschließen, wenn er darauf im Einladungsschreiben ausdrücklich hinweist.

Der Arbeitnehmer hat Fragen, an dessen Beantwortung der Arbeitgeber im Hinblick auf das zu begründende Arbeitsverhältnis ein berechtigtes Interesse hat, wahrheitsgemäß zu beantworten. Andere Fragen darf der Arbeitgeber nicht stellen. Eine **wahrheitswidrige Antwort** auf eine zulässige Frage stellt eine arglistige Täuschung dar, die den Arbeitgeber zur Anfechtung des Arbeitsvertrags berechtigt (§ 123 BGB). Stellt der Arbeitgeber eine unzulässige Frage, deren wahrheitsgemäße Beantwortung dem Arbeitnehmer schaden könnte, ist der Arbeitnehmer jedoch zu einer wahrheitsgemäßen Antwort nicht verpflichtet.

Folgen einer wahrheitswidrigen Antwort im Vorstellungsgespräch

Die Südtex GmbH schließt nach einem Einstellungsgespräch mit Frau Rothenbach am 02.09. einen Arbeitsvertrag als kaufmännische Angestellte auf unbestimmte Zeit. In dem Einstellungsgespräch verneint Frau Rothenbach die Frage, ob sie schwanger sei. Am 14.10. erfährt der Geschäftsführer der Südtex GmbH, dass Frau Rothenbach schon seit zehn Wochen schwanger ist. Daraufhin wird der Arbeitsvertrag sofort wegen Irrtum und arglistiger Täuschung angefochten. Der Arbeitsvertrag wird durch die Anfechtung nicht aufgelöst. Zwar hat Frau Rothenbach den Arbeitgeber über das Bestehen einer Schwangerschaft getäuscht. Die Frage danach, ob eine Schwangerschaft besteht, ist jedoch nicht zulässig, da sie gegen die Ziele des Allgemeinen Gleichbehandlungsgesetzes (§ 1 AGG) verstößt. Deshalb ist die Täuschung durch Frau Rothenbach nicht rechtswidrig.

Zulässige und unzulässige Fragen des Arbeitgebers bei Einstellungsgesprächen	
Unzulässige Fragen	**Zulässige Fragen**
• nach der Absicht, in absehbarer Zeit eine Ehe einzugehen • nach dem Gesundheitszustand, wenn für den Betrieb und die übrigen Arbeitnehmer daran nicht ein berechtigtes Interesse besteht • nach der Gewerkschaftszugehörigkeit • nach Religions- oder Parteizugehörigkeit (Ausnahme: „Tendenzbetriebe", z. B. kirchliche Einrichtungen) • nach dem Bestehen einer Schwangerschaft	• nach beruflichen Kenntnissen und Erfahrungen, Prüfungsergebnissen • nach schweren oder chronischen Erkrankungen im letzten Jahr • nach der Höhe des bisherigen Gehalts • nach der Schwerbehinderteneigenschaft • nach der Ableistung des Wehrdienstes

2.3 Abschluss des Arbeitsvertrags

Für den Abschluss des Arbeitsvertrags gilt der Grundsatz der Vertragsfreiheit. Er umfasst die Abschlussfreiheit, die Formfreiheit und die Gestaltungsfreiheit.

2.3.1 Abschlussfreiheit

Art. 12 des Grundgesetzes garantiert allen Deutschen die **freie Wahl des Arbeitsplatzes.** Deshalb ist der Arbeitnehmer frei, ob er ein Arbeitsverhältnis eingehen will oder nicht. Auch der Arbeitgeber ist in seiner Entscheidung frei, ob er einen Arbeitsvertrag abschließen will. Er kann aus ganz persönlichen Gründen auch einen fachlich qualifizierten Bewerber ablehnen, z. B. weil dieser gefärbte Haare hat oder einen Schmuckring im Ohr trägt. Über die Ablehnungsgründe muss er nicht Rechenschaft legen.

2.3.1.1 Abschlussgebote und Abschlussverbote

Von der Abschlussfreiheit gibt es nur wenige Ausnahmen. Es können **Abschlussgebote** oder **Abschlussverbote** sein.

Gem. § 71 Sozialgesetzbuch IX hat ein Arbeitgeber mit durchschnittlich mindestens 20 Arbeitsplätzen auf wenigstens 5 % der Arbeitsplätze **schwerbehinderte Menschen** zu beschäftigen (Pflichtquote). Erfüllt er die vorgeschriebene **Pflichtquote** nicht, hat er monatlich eine Ausgleichsabgabe zu zahlen. Die Zahlung der Ausgleichsabgabe hebt die Pflicht zur Beschäftigung schwerbehinderter Menschen nicht auf.

Nach einem beendeten Streik muss der Arbeitgeber die streikenden Arbeitnehmer wieder einstellen, wenn der Tarifvertrag eine Wiedereinstellungsklausel enthält. Da legale Streiks das Arbeitsverhältnis nicht auflösen, sondern nur die Vertragsverpflichtungen vorläufig aufheben (suspendieren), hat die **Wiedereinstellungsklausel** als Abschlussgebot nur noch geringe Bedeutung.

Ein **Abschlussverbot** besteht zum Beispiel nach dem Jugendarbeitsschutzgesetz und dem Berufsbildungsgesetz. Danach ist es Personen mit schweren Vorstrafen verboten, Jugendliche oder Auszubildende zu beschäftigen.

2.3.1.2 Diskriminierungsverbote

Nach § 1 AGG darf ein Arbeitgeber bei der Begründung des Arbeitsverhältnisses einen Arbeitnehmer nicht aus Gründen der Rasse oder wegen der ethnischen Herkunft, des Geschlechts, der Religion oder Weltanschauung, einer Behinderung, des Alters oder der sexuellen Identität benachteiligen. Der Arbeitgeber darf damit einen Bewerber um einen freien Arbeitsplatz z. B. nicht deshalb ablehnen, weil er eine Frau oder ein Mann ist. Er darf einen Arbeitsplatz nicht nur für Frauen oder nur für Männer ausschreiben, es sei denn, ein bestimmtes Geschlecht ist für die Tätigkeit unverzichtbare Voraussetzung. Ein Verstoß gegen das Benachteiligungsverbot führt nicht zu einem Anspruch auf Einstellung, jedoch zu Schadenersatzansprüchen. Die Beweislast, dass keine Diskriminierung vorliegt, trägt der Arbeitgeber.

> **Personalanzeigen, die zu Schadenersatzforderungen führen können**
> - Krankenhausverwaltung sucht deutschsprachige Reinigungskraft. (Türkische Immigrantin bewirbt sich.)
> - Handelskonzern sucht Lagerarbeiter, Bewerbung bitte mit Bild. (Ein Mann mit dunkler Hautfarbe bewirbt sich.)
> - Europäisches Industrieunternehmen sucht Vorstandssekretärin. (Es bewirbt sich ein junger arbeitsloser Jurist.)
> - Diakonisches Werk sucht christlich orientierte Sozialpädagogin/Sozialpädagogen. (Muslimin bewirbt sich. Nichteinstellung wurde in 1. Instanz vom Arbeitsgericht Hamburg als Diskriminierung bewertet und Entschädigungsanspruch anerkannt. In 2. Instanz Klage wegen Fehlen objektiver fachlicher Eignung der Bewerberin zurückgewiesen.)

2.3.1.3 Zustimmungspflicht bei Abschluss eines Arbeitsvertrags

Der Arbeitgeber muss vor Abschluss eines Arbeitsvertrags die Zustimmung des Betriebsrats einholen, wenn der Betrieb ständig mehr als 20 wahlberechtigte Arbeitnehmer beschäftigt (§ 99 BetrVG).

Minderjährige bedürfen zum Abschluss eines Arbeitsvertrags der Zustimmung des gesetzlichen Vertreters. Werden Jugendliche ermächtigt, in Dienst oder Arbeit zu treten, dann kann der gesetzliche Vertreter die Ermächtigung auf ein ganz bestimmtes Arbeitsverhältnis beschränken oder bestimmte Rechtshandlungen, wie z. B. die Kündigung, ausschließen. Im Zweifel ist jedoch anzunehmen, dass der gesetzliche Vertreter damit eine allgemeine Ermächtigung erteilt, Arbeitsverhältnisse derselben Art einzugehen. Aufgrund dieser Ermächtigung kann der Jugendliche dann z. B. auch kündigen, Arbeitsverhältnisse derselben Art eingehen oder der Gewerkschaft beitreten.

2.3.2 Formfreiheit

Für den Abschluss des Arbeitsvertrags gibt es **keine Formvorschrift**. Er kann rechtsgültig auch mündlich abgeschlossen werden. Jedoch hat der Arbeitgeber spätestens einen Monat nach dem vereinbarten Beginn des Arbeitsverhältnisses die wesentlichen Vertragsbedingungen schriftlich niederzulegen, die **Niederschrift** zu unterzeichnen und dem Arbeitnehmer auszuhändigen (§ 2 Nachweisgesetz). In die Niederschrift sind mindestens aufzunehmen:

1. der Name und die Anschrift der Vertragsparteien,
2. der Zeitpunkt des Beginns des Arbeitsverhältnisses,
3. bei befristeten Arbeitsverhältnissen: die vorhersehbare Dauer des Arbeitsverhältnisses,
4. der Arbeitsort oder, falls der Arbeitnehmer nicht nur an einem bestimmten Arbeitsort tätig sein soll, ein Hinweis darauf, dass der Arbeitnehmer an verschiedenen Orten beschäftigt werden kann,

5. die Bezeichnung oder allgemeine Beschreibung der vom Arbeitnehmer zu leistenden Tätigkeit,
6. die Zusammensetzung und die Höhe des Arbeitsentgelts einschließlich der Zuschläge, der Zulagen, Prämien und Sonderzahlungen sowie anderer Bestandteile des Arbeitsentgelts und deren Fälligkeit,
7. die vereinbarte Arbeitszeit,
8. die Dauer des jährlichen Erholungsurlaubs,
9. die Fristen für die Kündigung des Arbeitsverhältnisses,
10. ein in allgemeiner Form gehaltener Hinweis auf die Tarifverträge, Betriebs- oder Dienstvereinbarungen, die auf das Arbeitsverhältnis anzuwenden sind.

Die Niederschrift erfüllt lediglich Beweisfunktion. Der Arbeitsvertrag ist auch dann gültig, wenn die Niederschrift nicht ausgefertigt wurde.

Enthält der Arbeitsvertrag eine Befristung, dann ist diese nur rechtswirksam, wenn sie schriftlich vereinbart wurde (§ 623 BGB). Es genügt nicht, dass die Befristung in die Niederschrift des Arbeitsvertrags gem. § 2 NachwG aufgenommen wird (s. auch 5.2).

Auch **Berufsausbildungsverträge** bedürfen zu ihrer Rechtsgültigkeit keiner Schriftform. Jedoch muss der Ausbildende unverzüglich nach Abschluss des Vertrags seinen wesentlichen Inhalt schriftlich niederlegen (§ 11 Berufsbildungsgesetz, BBiG). In der Regel wird bei Abschluss eines Berufsausbildungsvertrags ein von der zuständigen Kammer herausgegebenes Vertragsmuster verwendet. Damit ist dann zugleich die Niederschrift erfolgt. Vertrag und Niederschrift sind dann identisch.

2.3.3 Gestaltungsfreiheit

Gestaltungsfreiheit bedeutet, dass Arbeitgeber und Arbeitnehmer frei festlegen können, welchen Inhalt der Arbeitsvertrag haben soll; sie können die Arbeitsbedingungen (Arbeitsentgelt, Urlaub, Arbeitszeit) grundsätzlich frei bestimmen.

Durch Gesetz, Tarifvertrag und Betriebsvereinbarung wird die **Gestaltungsfreiheit** von Arbeitsverträgen eingeengt. Da diese Regelungen den Zweck haben, den Arbeitnehmer zu schützen, darf davon zugunsten der Arbeitnehmer abgewichen werden (siehe 1.4).

> **Vom Gesetz abweichende Regelungen im Arbeitsvertrag**
> Nach § 3 Bundesurlaubsgesetz hat jeder Arbeitnehmer Anspruch auf jährlich 24 Urlaubstage. Den Vertragspartnern ist es nicht verboten, 26 Urlaubstage zu vereinbaren. Die Vereinbarung von 20 Urlaubstagen wäre unwirksam.

2.4 Pflichten und Rechte aus dem Arbeitsvertrag

Der Arbeitsvertrag ist ein **gegenseitiger Vertrag**. Wie bei jedem gegenseitigen Vertrag ergeben sich aus den Rechten der einen Partei die Pflichten der anderen.

2.4.1 Pflichten und Rechte des Arbeitnehmers
2.4.1.1 Pflichten des Arbeitnehmers

Hauptpflichten des Arbeitnehmers sind

- die Arbeitspflicht und
- die Treuepflicht.

Der Arbeitspflicht des Arbeitnehmers steht aufseiten des Arbeitgebers die **Entgeltzahlungspflicht** gegenüber. Der Treuepflicht entspricht die Fürsorgepflicht des Arbeitgebers.

Treuepflicht des Arbeitnehmers und Fürsorgepflicht des Arbeitgebers lassen erkennen, dass das Arbeitsverhältnis mehr ist als nur ein gegenseitiger Vertrag, wie z. B. der Kaufvertrag oder der Mietvertrag.

Das Arbeitsverhältnis ist darüber hinaus ein **personenrechtliches Gemeinschaftsverhältnis**.

Arbeitspflicht

Der Arbeitnehmer hat seine Arbeitsleistung persönlich zu erbringen. Sie ist eine **höchstpersönliche Verpflichtung** und kann grundsätzlich nicht durch Dritte erfüllt werden (§ 613 BGB). Der Umfang der Arbeitspflicht ist in der Regel im Arbeitsvertrag festgelegt (z. B. in einer Stellenbeschreibung). Innerhalb des Rahmens, den der Arbeitsvertrag vorgibt, kann der Arbeitgeber Einzelanweisungen geben, die der Arbeitnehmer zu befolgen hat **(Weisungsbefolgungspflicht)**.

Beispiele für
- Arbeiten, die nach der Verkehrsauffassung unzumutbar sind:
  - Fahren eines Lieferwagens durch einen kaufmännischen Angestellten
  - Tätigkeit als Autoverkäufer durch den Lohnbuchhalter eines Autohauses
- Arbeiten, die nach der Verkehrsauffassung zumutbar sind:
  - Aufräumen seines Arbeitsplatzes durch einen Schlossergesellen
  - Pflege seines Kraftfahrzeuges durch einen Kraftfahrer

Aufgrund seines **Weisungsrechts** (Direktionsrecht) kann der Arbeitgeber dem Arbeitnehmer aber nur Arbeiten auftragen, die im Rahmen des Arbeitsvertrags nach der allgemeinen Verkehrsauffassung gefordert werden können. Weitere Grenzen setzen die Arbeitsschutzbestimmungen und die Betriebsvereinbarungen. Insbesondere auch das durch Art. 2 des Grundgesetzes geschützte Persönlichkeitsrecht des Arbeitnehmers setzt dem Direktionsrecht Grenzen (Beispiel: unangemessene Weisungen, die die Kleidung oder den Haarschnitt betreffen).

Treuepflicht

Die Treuepflicht stellt dem Arbeitnehmer die Aufgabe, die Interessen seines Arbeitgebers wahrzunehmen und sich für den Erfolg des Betriebs einzusetzen. Aus der **Treuepflicht** ergeben sich verschiedene Unterlassungspflichten. An erster Stelle gehört dazu die **Verschwiegenheitspflicht**. Der Arbeitnehmer muss Betriebs- und Geschäftsgeheimnisse hüten und darf den Ruf des Arbeitgebers nicht schädigen. Der Verrat von Geschäftsgeheimnissen wird nach § 17 des Gesetzes gegen den unlauteren Wettbewerb (UWG) mit Freiheits- oder Geldstrafen bedroht.

Zur Treuepflicht zählt auch die Beachtung des **Schmiergeldverbots**.

Aus der Treuepflicht ergibt sich schließlich die Pflicht zur Beachtung des **Wettbewerbsverbots**. Der Arbeitnehmer darf neben seiner Tätigkeit im Geschäftszweig seines Arbeitgebers kein eigenes Unternehmen führen und weder für eigene noch für fremde Rechnung Geschäfte betreiben, noch Konkurrenzunternehmen mit Rat unterstützen.[1] Das gesetzliche Wettbewerbsverbot für kaufmännische Angestellte gilt für die Zeitdauer des Arbeitsverhältnisses und

---

[1] Das in § 60 HGB formulierte Verbot, ein Handelsgewerbe zu betreiben, muss nach der Rechtsprechung des Bundesarbeitsgerichtes einschränkend ausgelegt werden, um verfassungskonform zu sein: Der Betrieb eines Handelsgewerbes darf dem kaufmännischen Angestellten nur versagt werden, wenn dies den Arbeitgeber schädigen kann, d. h., wenn der Angestellte ein Handelsgewerbe betreibt, das in Konkurrenz zu dem des Arbeitgebers steht.

ist in den §§ 60 und 61 HGB geregelt; für die Zeit nach Beendigung des Arbeitsverhältnisses kann gem. §§ 74, 74a und 74b HGB ein vertragliches Wettbewerbsverbot vereinbart werden. Für andere (nicht kaufmännisch beschäftigte) Arbeitnehmer gibt es keine spezielle Regelung. Für diese Arbeitnehmer ergibt sich das Wettbewerbsverbot unmittelbar aus der Treuepflicht.

Schadenersatzpflicht (Arbeitnehmerhaftung)

Der Arbeitgeber kann vom Arbeitnehmer **Ersatz des Schadens** verlangen, der ihm durch **schuldhafte Pflichtverletzung** des Arbeitnehmers entstanden ist. Eine schuldhafte Pflichtverletzung liegt nicht nur bei vorsätzlichem, sondern auch bei fahrlässigem Handeln vor (§ 276 BGB). Grundsätzlich haftet der Arbeitnehmer deshalb auch dann, wenn ihm nur leichte Fahrlässigkeit vorzuwerfen ist. Wenn ein Arbeitnehmer bei seiner Arbeit auch nur in geringfügigem Maße die erforderliche Sorgfalt außer Acht lässt, könnte das schon zu einer Schadenersatzpflicht in Millionenhöhe führen. Bei einem solchen Haftungsmaßstab würde der Arbeitnehmer unübersehbaren Risiken ausgesetzt.

Der Arbeitgeber hat die Möglichkeit, sich gegen dieses Risiko zu versichern; er kann die durch Schadensfälle entstehenden Kosten auch auf die Abnehmer seiner Produkte abwälzen. Da der Arbeitnehmer diese Möglichkeiten nicht hat, hätte er bei unbeschränkter Arbeitnehmerhaftung an den Folgen einer leichten Unaufmerksamkeit bis an sein Lebensende zu tragen. Deshalb hat die Rechtsprechung des Bundesarbeitsgerichts die **Haftung des Arbeitnehmers für alle betrieblich verursachten Schäden der Höhe nach eingeschränkt**.

> **Arbeitnehmerhaftung bei grober Fahrlässigkeit**
> Paul Albers ist als Kraftfahrer bei einer Baustoffgroßhandlung beschäftigt. Er verursacht einen Verkehrsunfall, weil er trotz Rotlicht in einen Kreuzungsbereich einfährt. Der Arbeitgeber verlangt von Albers Schadenersatz für den zerstörten Lastwagen in Höhe von 70 000,00 EUR
> Trotz grober Fahrlässigkeit ist die Haftung des Albers angemessen zu beschränken, um eine lebenslange Verschuldung zu verhindern.

- Hat der Arbeitnehmer den Schaden **grob fahrlässig** oder gar **vorsätzlich** verursacht, ist er dem Arbeitgeber zum Schadenersatz in voller Höhe verpflichtet.
  Bei **grob fahrlässigem Verhalten** kann die Haftung des Arbeitnehmers ausnahmsweise eingeschränkt sein. Dies ist z. B. der Fall, wenn der Arbeitgeber das Schadensrisiko durch eigenes Verhalten erhöht hat oder wenn der Ersatz des vollen Schadens den Arbeitnehmer wirtschaftlich ruinieren würde.
- Bei **mittlerer Fahrlässigkeit** wird der Schaden zwischen Arbeitgeber und Arbeitnehmer aufgeteilt. In welcher Höhe der Arbeitnehmer für den von ihm verursachten Schaden Ersatz zu leisten hat, hängt von den konkreten Umständen des Einzelfalles ab. Folgende Umstände sollen Beachtung finden:
  – Größe der mit der Arbeit verbundenen Gefahr (Gefahrgeneigtheit der Arbeit),
  – Grad des dem Arbeitnehmer zur Last fallenden Verschuldens,
  – Höhe des Arbeitsentgelts,
  – sonstige mit der Leistungsfähigkeit des Arbeitnehmers zusammenhängende Umstände (Unterhaltspflichten, Alter, Dauer der Betriebszugehörigkeit).
- Bei **leichter Fahrlässigkeit** ist der Arbeitnehmer nicht haftbar.

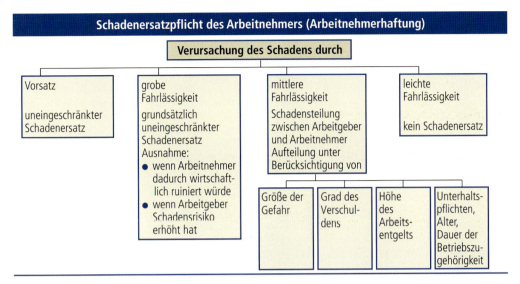

2.4.1.2 Rechte des Arbeitnehmers

Der Arbeitnehmer hat vor allem folgende Rechte:
- auf Beschäftigung entsprechend der vereinbarten Tätigkeit,
- auf Vergütung,
- auf Urlaub,
- auf Zeugniserteilung und Aushändigung der Arbeitspapiere nach Beendigung des Arbeitsverhältnisses,
- auf Anhörung und Erörterung betrieblicher Angelegenheiten, die seine Person betreffen,
- auf Einsichtnahme in die Personalakte,
- auf Beschwerde, wenn er sich benachteiligt oder ungerecht behandelt fühlt.

Diese Rechte entsprechen den Pflichten des Arbeitgebers. Zum Beispiel ist der Arbeitgeber verpflichtet, Lohn zu zahlen; daraus ergibt sich das Recht des Arbeitnehmers auf Vergütung.

Beispiel für einen Arbeitsvertrag mit einem leitenden Angestellten

ANSTELLUNGSVERTRAG

Zwischen   Firma Südtex GmbH, Tübinger Str. 8, 72762 Reutlingen
            (zukünftig „Gesellschaft" genannt)

und   Herrn Gustav Klotz, Am Sandholz 28, 42119 Wuppertal

§ 1   Vertragsgegenstand
1. Die Gesellschaft stellt Herrn Klotz mit Wirkung vom 1. März . . als Produktmanager an.
2. Die Gesellschaft behält sich vor, Herrn Klotz andere, seinen Kenntnissen, Fähigkeiten und Erfahrungen entsprechende Aufgaben zu übertragen, soweit dies unter Berücksichtigung aller Umstände zumutbar ist.

§ 2   Aufgaben
Die Aufgaben sind in der beiliegenden Stellenbeschreibung definiert.

§ 3   Pflichten
Herr Klotz führt die ihm übertragenen Aufgaben mit der erforderlichen Sorgfalt nach bestem Wissen und Gewissen aus. Er hat die Interessen der Gesellschaft nach besten Kräften zu wahren.

§ 4   Nebentätigkeit
1. Herr Klotz wird seine ganze Arbeitskraft und alle seine fachlichen Kenntnisse und Erfahrungen der Gesellschaft widmen.

2. Die Übernahme einer entgeltlichen oder unentgeltlichen Nebentätigkeit, von Aufsichtsrats-, Beirats- oder ähnlichen Mandaten sowie von Ehrenämtern im beruflichen Bereich bedarf der vorherigen schriftlichen Zustimmung der Gesellschaft.

§ 5 Geheimhaltung

1. Herr Klotz ist darüber unterrichtet, dass Informationen über künftige Erzeugnisse sowie über Lieferanten und Kunden der Gesellschaft eines besonders wirksamen Schutzes bedürfen, weil der Gesellschaft großer Schaden droht, wenn diese Informationen Unbefugten, insbesondere Wettbewerbern, bekannt werden.

2. Herr Klotz verpflichtet sich deshalb, alle ausdrücklich als vertraulich bezeichneten Umstände sowie in jedem Fall alle Informationen über neue Erzeugnisse, Kollektionen, Kunden, Lieferanten und über die Vertriebsorganisation vor allen Unbefugten streng geheim zu halten.

3. Herr Klotz verpflichtet sich ferner, keinerlei betriebliche Unterlagen, insbesondere Produktionsunterlagen, Kalkulationen, Produktionsstätten-Verzeichnisse usw. unbefugten Personen zugänglich zu machen.

4. Für den Fall einer Verletzung der Geheimhaltungspflicht gem. Abs. 2 und 3 verpflichtet sich Herr Klotz zur Zahlung einer Vertragsstrafe von mindestens des doppelten Betrages seiner monatlichen Bezüge. Die Geltendmachung eines über diesen Betrag hinausgehenden Schadens bleibt der Gesellschaft ausdrücklich vorbehalten.

5. Die Verpflichtungen gem. Abs. 2 bis 4 bleiben auch nach Beendigung des Anstellungsvertrags bestehen. Außerdem sind bei Beendigung des Arbeitsverhältnisses alle betrieblichen Arbeitsunterlagen an den Vorgesetzten zurückzugeben.

§ 6 Vergütung

1. Herr Klotz erhält ein jährliches Bruttogehalt von 60 000,00 EUR (in Worten: sechzigtausend), das in 12 gleichen Monatsraten jeweils am Monatsende zur Auszahlung gelangt.

2. Mit der Vergütung ist die gesamte Tätigkeit von Herrn Klotz für die Gesellschaft abgegolten. Anspruch auf eine Vergütung von Mehrarbeit besteht nicht.

§ 7 Urlaub

Herr Klotz hat Anspruch auf einen jährlichen Erholungsurlaub von 30 Tagen. Der Zeitpunkt des Urlaubs ist unter Berücksichtigung des Interesses der Gesellschaft zu bestimmen.

§ 8 Bezüge bei Verhinderung, Tod

Ist Herr Klotz durch Krankheit oder andere unverschuldete Gründe an der Ausübung seiner Tätigkeit gehindert, so wird ihm die Vergütung gem. § 6 bis zur Dauer von insgesamt drei Monaten bezahlt.

§ 9 Dauer des Vertrags, Kündigung

1. Das Arbeitsverhältnis beginnt spätestens am 1. März . . und endet spätestens mit Erreichen des gesetzlichen Rentenalters.

2. Vor Beginn des Anstellungsverhältnisses ist die ordentliche Kündigung ausgeschlossen.

3. Der Vertrag ist frühestens ein Jahr nach Beginn des Arbeitsverhältnisses kündbar.

§ 10 Wettbewerbsverbot

1. Während der Dauer dieses Vertrags ist Herrn Klotz untersagt, sich in irgendeiner Weise an einem anderen Unternehmen, welches mit der Gesellschaft in Wettbewerb steht, zu beteiligen oder für ein solches Unternehmen in irgendeiner Form tätig zu sein.

2. Wenn das Anstellungsverhältnis über 12 Monate hinaus besteht, ist Herr Klotz verpflichtet, nach Beendigung des Anstellungsverhältnisses jede berufliche oder geschäftliche Tätigkeit zu unterlassen, welche der Gesellschaft Konkurrenz machen würde.

3. Die Verpflichtung gem. Abs. 2 gilt für 12 Monate ab Beendigung des Anstellungsverhältnisses und für das Gebiet Bundesrepublik Deutschland.

4. Während der Dauer des Wettbewerbsverbots gem. Abs. 2 zahlt die Gesellschaft Herrn Klotz eine Entschädigung in Höhe von 70 % der von ihm zuletzt bezogenen vertragsmäßigen Vergütung auf sein Grundgehalt, ohne Berücksichtigung von Prämien, Tantiemen oder sonstigen Sonderzahlungen.

§ 11 Schlussbestimmung

1. Herr Klotz steht außerhalb des Geltungsbereichs der einschlägigen Mantel- und Gehaltstarifverträge. Herr Klotz gehört zu den leitenden Angestellten des Unternehmens nach § 5 Abs. 3 des Betriebsverfassungsgesetzes.

2. Änderungen und Ergänzungen dieses Vertrags bedürfen der Schriftform.

> 3. Sollte eine der Bestimmungen dieses Vertrags ungültig sein oder werden, so berührt dies die Gültigkeit der übrigen Bestimmungen dieses Vertrags nicht. Die ungültigen Bestimmungen sollen durch gültige ersetzt werden, mit denen der Zweck der ungültigen Bestimmung, soweit zulässig, möglichst erreicht wird.
>
> 4. Erfüllungsort und Gerichtsstand ist der Sitz der Gesellschaft.
>
> Reutlingen, den 5. Februar ..

2.4.2 Pflichten und Rechte des Arbeitgebers
2.4.2.1 Pflichten des Arbeitgebers
Vergütungspflicht

Die Vergütungspflicht (Lohnzahlungspflicht, Entgeltzahlungspflicht) ist die Hauptpflicht des Arbeitgebers (§ 611 BGB). Wurde im Arbeitsvertrag keine Lohnvereinbarung getroffen, gilt der Tariflohn als vereinbart.

Der **Gleichberechtigungsgrundsatz** des Grundgesetzes und § 1 ff. AGG verbieten es, dass Frauen bei gleicher oder gleichwertiger Arbeit ein geringerer Lohn gezahlt wird.

Der Arbeitsvertrag ist ein gegenseitiger Vertrag, bei dem Leistung und Gegenleistung in einem ausgeglichenen Verhältnis zueinander stehen. Daraus folgt grundsätzlich, dass der Arbeitgeber ohne Arbeitsleistung des Arbeitnehmers keinen Lohn zu zahlen hat. Der Arbeitsvertrag ist aber nicht irgendein gegenseitiger Vertrag, wie z. B. der Kaufvertrag, sondern ein Vertrag mit starkem persönlichen und sozialen Bezug. Der Grundsatz „Ohne Arbeit kein Lohn" wurde deshalb vom Gesetzgeber mit zahlreichen Einschränkungen versehen.

Ein Arbeitnehmer hat im Falle einer **unverschuldeten Krankheit** Anspruch auf Arbeitsentgelt für die Zeit der Arbeitsunfähigkeit bis zur Dauer von **sechs Wochen**. Das Entgeltfortzahlungsgesetz (§ 4) schreibt vor, dass der Arbeitnehmer in dieser Zeit **100 % des Arbeitsentgeltes** erhält, das ihm in der regelmäßigen Arbeitszeit zugestanden hätte. Dabei werden Überstundenvergütungen nicht berücksichtigt.

Wird der Arbeitnehmer wegen derselben Krankheit erneut arbeitsunfähig, dann erhält er erneut für die Dauer von sechs Wochen seinen Lohn gezahlt, wenn er vor der erneuten Arbeitsunfähigkeit mindestens sechs Monate nicht infolge derselben Krankheit arbeitsunfähig war (§ 3 Entgeltfortzahlungsgesetz, EntgFG).

Verschuldet ist eine Krankheit im Sinne des Arbeitsrechts dann, wenn sie auf einen groben Verstoß gegen das von einem verständigen Menschen im eigenen Interesse zu erwartende Verhalten zurückzuführen ist. Bei Arbeitsunfähigkeit, die auf Sportunfälle zurückzuführen ist, liegt Verschulden nur vor, wenn sich der Arbeitnehmer die Verletzung bei der Ausübung einer sog. gefährlichen Sportart zugezogen hat oder bei einer nicht besonders gefährlichen Sportart in grober Weise oder leichtsinnig gegen anerkannte Regeln dieser Sportart verstoßen hat. Die Rechtsprechung ist hier aber insgesamt sehr großzügig, d. h., es gibt fast keine Sportart, bei deren Ausübung generell ein die Entgeltfortzahlung ausschließendes Verschulden angenommen wird. Maßgeblich ist also, wie der Arbeitnehmer sich im Einzelfall verhalten hat.

Der Arbeitnehmer hat dem Arbeitgeber die Arbeitsunfähigkeit und deren voraussichtliche Dauer unverzüglich anzuzeigen. Dauert die Arbeitsunfähigkeit länger als drei Tage, ist der Krankmeldung ein ärztliches Zeugnis beizulegen (§ 5 EntgFG).

Kapitel 2

Beschäftigungspflicht

Der Arbeitnehmer hat nicht nur die Pflicht, sondern auch das Recht auf Beschäftigung im Betrieb. Diese Beschäftigungspflicht besteht für den Arbeitgeber grundsätzlich auch dann noch, wenn er eine Kündigung ausgesprochen hat. Der Arbeitgeber erfüllt seine Pflicht nicht schon dadurch vollständig, dass er nach einer Kündigung den Lohn weiter bezahlt.

Fürsorgepflicht

Die Fürsorgepflicht verlangt vom Arbeitgeber, Arbeitsräume, Arbeitsmittel und Arbeitsablauf so zu gestalten, dass der Arbeitnehmer gegen Gefahren für Leben und Gesundheit so weit geschützt ist, wie die Natur des Betriebs und der Arbeit es gestatten.

Der Arbeitgeber muss alle im Interesse und zum Wohl des Arbeitnehmers erlassenen Rechtsvorschriften beachten. Außerdem hat der Arbeitgeber Schutzpflichten für die vom Grundgesetz für jeden Menschen anerkannten Persönlichkeitsrechte.

Dem Prinzip der Fürsorgepflicht entspringen z. B. auch die gesetzlichen Regelungen zur Urlaubsgewährung und zum Mutterschutz.

> **Pflicht des Arbeitgebers zum Schutz von Persönlichkeitsrechten**
> - Schutz vor ungerechter Behandlung durch Vorgesetzte,
> - Schutz vor rechtswidrigen Handlungen von Arbeitskollegen,
> - Schutz vor heimlichem Abhören von Telefongesprächen.

Gleichbehandlungspflicht

Die Gleichbehandlungspflicht verbietet die willkürliche Schlechterstellung einzelner Arbeitnehmer aus sachfremden Gründen. Z. B. dürfen einzelne Arbeitnehmer nicht ausgenommen werden, wenn der Lohn wegen allgemeiner Teuerung angehoben wird (§ 75 Abs. 1 BetrVG).

Informations- und Anhörungspflicht

Der Arbeitnehmer hat das Recht auf Anhörung in allen Angelegenheiten, die seine Person betreffen (siehe 7.2).

Zeugniserteilungspflicht

Bei Ausscheiden aus dem Arbeitsverhältnis hat der Arbeitnehmer das Recht, die Ausstellung eines Zeugnisses zu verlangen (siehe 3.3.5).

2.4.2.2 Rechte des Arbeitgebers

Die Rechte des Arbeitgebers ergeben sich aus den Hauptpflichten des Arbeitnehmers. Der Arbeitgeber hat Anspruch auf Erfüllung der Arbeitspflicht und der Treuepflicht durch den Arbeitnehmer. Der Weisungsgebundenheit des Arbeitnehmers entspricht das **Weisungsrecht des Arbeitgebers**. Aufgrund des Weisungsrechts können (u. U. zusätzlich zu Stellenbeschreibungen) Art und Umfang der Arbeitsleistung näher bestimmt werden. Der Arbeitgeber kann das Weisungsrecht ganz oder zum Teil auf Vorgesetzte des Arbeitnehmers übertragen, z. B. auf Abteilungsleiter oder auf Meister.

Aufgaben

1 Fragerecht des Arbeitgebers bei der Begründung eines Arbeitsverhältnisses

Entscheiden Sie, ob die folgenden Fragen des Arbeitgebers beim Vorstellungsgespräch zulässig sind und daher vom Bewerber beantwortet werden müssen. Begründen Sie Ihre Entscheidung!

(A) Frage nach der Note der kaufmännischen Abschlussprüfung,
(B) Frage nach der Parteizugehörigkeit,
(C) Frage nach einer Schwerbehinderung,
(D) Frage, ob aus einem früheren Arbeitsverhältnis noch ein vertragliches Wettbewerbsverbot besteht,
(E) Frage nach bestehenden Schulden,
(F) Frage nach Vorstrafen,
(G) Frage nach Ableistung des Wehr- und Zivildienstes,
(H) Frage nach einer bestehenden Schwangerschaft,
(I) Frage nach besonderen Kenntnissen,
(K) Frage nach der Religionszugehörigkeit.

2 Rechte und Pflichten eines Arbeitnehmers

Klaus Schreiber, 40 Jahre alt, ist kaufmännischer Angestellter der Sanitär-Großhandlung Paul Tiemann und Söhne.

a) Schreiber ist Mitglied der Dienstleistungsgewerkschaft Ver.di. Verletzt er seine Treuepflicht, wenn er einen Streikaufruf seiner Gewerkschaft befolgt?
b) Darf Schreiber nebenberuflich für eine Zeitung als Abonnentenwerber tätig sein?
c) Da der Fahrer erkrankt ist, wird Schreiber von der Geschäftsleitung angewiesen, den Lieferwagen zu fahren und eine Badezimmereinrichtung zu einer Baustelle zu bringen. Muss er diese Weisung befolgen?
d) Schreiber macht durch einen Bedienungsfehler am PC die Festplatte unbrauchbar. Der Sanitär-Großhandlung entsteht dadurch ein Schaden in Höhe von 1 000,00 EUR. Kann Schreiber verpflichtet werden, den Schaden zu ersetzen?

3 Entgeltfortzahlung

Werner Heyer ist als Automechaniker bei der Duisburger Autohof GmbH beschäftigt. Er ist leidenschaftlicher Motorrennsportler und beteiligt sich häufig an Rennen. Bei einem Motorrad-Querfeldeinrennen wird er durch Verschulden eines anderen Teilnehmers schwer verletzt. Er ist zwei Jahre lang berufsunfähig.

Prüfen Sie, ob und wie lange Heyer Anspruch auf Entgeltfortzahlung durch den Arbeitgeber hat!

4 Grenzen der Gestaltungsfreiheit bei Arbeitsverträgen

Frau Hanke ist als Buchhalterin in einem Supermarkt beschäftigt. Ihr Arbeitsvertrag enthält u. a. die unten stehenden Regelungen.

Entscheiden Sie, welche dieser Regelungen
☐ 1 gültig sind,
☐ 2 ungültig sind.

(A) Frau Hanke erklärt sich bereit, bei Personalknappheit aushilfsweise auch an einer Kasse des Supermarktes tätig zu sein.

(B) Frau Hanke sichert in dem Vertrag zu, dass sie sich an keinem Streik beteiligt, der gegen das Unternehmen gerichtet ist. Sie erhält für diesen Verzicht eine zusätzliche monatliche Zahlung von 50,00 EUR.

(C) Frau Hanke verpflichtet sich, nicht selbstständig Geschäfte zu betreiben und auch keine nebenberuflichen Arbeiten zu übernehmen.

Wiederholungsfragen

1. Was versteht man unter einem Arbeitsverhältnis?
2. Nennen Sie Möglichkeiten zur Anbahnung eines Arbeitsverhältnisses!
3. Welcher Grundsatz gilt für das Fragerecht des Arbeitgebers vor Begründung eines Arbeitsverhältnisses?
4. Wodurch wird das Arbeitsverhältnis begründet?
5. In welchen Fällen bedarf der Abschluss eines Arbeitsvertrags einer besonderen Zustimmung?
6. Wodurch kommt das Berufsausbildungsverhältnis zustande?
7. Welche Pflichten hat der Arbeitnehmer aus dem Arbeitsvertrag?
8. In welchen Fällen haftet der Arbeitnehmer für Schäden, die er verursacht?
9. Welche Pflichten hat der Arbeitgeber aus dem Arbeitsvertrag?
10. In welchen Fällen hat der Arbeitgeber eine Entgeltfortzahlungspflicht, obwohl vom Arbeitnehmer keine Arbeit geleistet wird?

3 Beendigung des Arbeitsverhältnisses

3.1 Gründe für die Beendigung des Arbeitsverhältnisses

Das Arbeitsentgelt bildet für den Arbeitnehmer zumeist seine Existenzgrundlage. Die Regeln, nach denen das Arbeitsverhältnis beendet werden kann, haben diesen Gesichtspunkt zu berücksichtigen.

Das Arbeitsverhältnis kann aus folgenden Gründen beendet werden:

Gründe für die Beendigung des Arbeitsverhältnisses				
zukünftig				rückwirkend
Zeitablauf oder Zweckerreichung des Arbeitsvertrags	Einvernehmliche Aufhebung des Arbeitsvertrags	Tod des Arbeitnehmers	Kündigung des Arbeitsvertrags	Anfechtung des Arbeitsvertrags

Das Arbeitsverhältnis kann aufgrund des Arbeitsvertrags von vornherein in seiner zeitlichen Dauer begrenzt sein. Dann endet es, ohne dass es einer Kündigung bedarf, durch **Zeitablauf** oder **Zweckerreichung**.

Durch **Aufhebungsvertrag** (gem. § 311 BGB) kann das Arbeitsverhältnis im gegenseitigen Einvernehmen jederzeit beendet werden, auch wenn das Arbeitsverhältnis einem besonderen Schutzgesetz (z. B. SGB IX „Rehabilitation und Teilhabe behinderter Menschen") untersteht.

Da der Arbeitnehmer seine Arbeit persönlich zu verrichten hat, endet mit dem **Tod** des Arbeitnehmers auch das Arbeitsverhältnis.

Die **Kündigung** ist der weitaus häufigste Grund für die Beendigung eines Arbeitsverhältnisses (siehe 3.3).

Ein Arbeitsvertrag kann durch Anfechtung gem. § 123 BGB (z. B. wegen Irrtum oder Täuschung) rückwirkend rechtsunwirksam werden. Wurde vor der Anfechtungserklärung aber bereits Arbeit geleistet, dann ist dadurch „faktisch" ein Arbeitsverhältnis entstanden. Bis zur Wirkung der Anfechtungserklärung muss der Arbeitgeber Lohn zahlen. Gesetzliche und tarifliche Bestimmungen kommen uneingeschränkt zur Anwendung.

3.2 Sonderfälle, die das Arbeitsverhältnis nicht beenden

Bei **Tod des Arbeitgebers** bleibt das Arbeitsverhältnis unverändert bestehen. Neuer Arbeitgeber sind die Erben.

Die Eröffnung des **Insolvenzverfahrens** ist kein Grund zu einer außerordentlichen Kündigung. Jedoch kann der Insolvenzverwalter fristgerecht kündigen. Die Kündigungsfrist beträgt, in diesem Fall, auch für langjährig Beschäftigte höchstens drei Monate zum Monatsende, wenn nicht eine kürzere Kündigungsfrist maßgeblich ist (§ 113 InsO).

Bei Übergang des Betriebs auf einen **neuen Inhaber** bleibt das Arbeitsverhältnis bestehen. Der Nachfolger tritt in den bestehenden Arbeitsvertrag ein (§ 613 a BGB).

Bei Erreichen der **Altersgrenze** (Rentenalter) endet das Arbeitsverhältnis nicht automatisch, wenn nicht im Arbeitsvertrag oder Tarifvertrag eine entsprechende Regelung vorgesehen ist.

3.3 Die Kündigung des Arbeitsverhältnisses

3.3.1 Wesen der Kündigung

Die **Kündigung** ist die einseitige Erklärung einer Partei der anderen gegenüber, das Arbeitsverhältnis von einem bestimmten Zeitpunkt an beenden zu wollen. Sie ist eine empfangsbedürftige Willenserklärung und wird deshalb erst wirksam, wenn sie dem Kündigungsempfänger zugegangen ist. Wann im Einzelnen eine Willenserklärung zugegangen ist, wird durch die Vorschrift des § 130 BGB geregelt.

Die Kündigung eines Arbeitsverhältnisses muss schriftlich erfolgen (§ 623 BGB). Das gilt nicht nur für Kündigungen durch den Arbeitgeber. Auch mündliche Kündigungen durch den Arbeitnehmer sind unwirksam. Die Anforderungen an die Schriftform sind in § 126 BGB festgelegt. Danach ist eine Kündigung per Telegramm oder Telefax unwirksam. § 623 BGB gilt auch für das Berufsausbildungsverhältnis.

In allen Betrieben, in denen ein Betriebsrat besteht, muss dieser vor jeder Kündigung gehört werden. Ohne **Anhörung des Betriebsrats** ist sowohl eine ordentliche wie eine außerordentliche Kündigung unwirksam (siehe 3.4.1.2).

Ein **minderjähriger Arbeitnehmer,** der mit Ermächtigung seines gesetzlichen Vertreters die Arbeit aufgenommen hat, ist im Zweifel berechtigt, das Arbeitsverhältnis ohne besondere ausdrückliche Zustimmung des gesetzlichen Vertreters zu kündigen (§ 113 BGB). Der gesetzliche Vertreter (das sind in der Regel die Eltern) kann die Ermächtigung zur Arbeitsaufnahme des Jugendlichen aber auch mit der Einschränkung geben, dass der Jugendliche das Arbeitsverhältnis nur mit seiner Zustimmung kündigen kann (siehe auch 2.3.1.3).

Die Kündigungserklärung muss inhaltlich **eindeutig und unmissverständlich** sein. Sie braucht das Wort „Kündigung" nicht zu enthalten. Bei einer ordentlichen Kündigung (siehe 3.3.2) muss der Kündigungsgrund nicht mitgeteilt werden. Nur bei Kündigung eines Berufsausbildungsverhältnisses **nach der Probezeit** muss der Kündigungsgrund angegeben werden (§ 22 Abs. 2 BBiG).

Ein Arbeitsverhältnis kann nur als Ganzes gekündigt werden. Eine Teilkündigung, z. B. Kündigung der Gehaltsvereinbarungen, ist unzulässig. Um Teile des Arbeitsvertrages zu ändern, muss eine sog. **Änderungskündigung** ausgesprochen werden. Mit der Änderungskündigung wird der gesamte Arbeitsvertrag gekündigt. Mit der Kündigung ist jedoch das Angebot verbunden, den Arbeitsvertrag unter geänderten Bedingungen fortzusetzen. Die Änderungskündigung führt zur Beendigung des gesamten Arbeitsvertrags, wenn der Kündigungsempfänger nicht in die angebotene Änderung des Arbeitsvertrags einwilligt (§ 2 KSchG).

Zu unterscheiden sind die **ordentliche Kündigung** (siehe 3.3.2) und die **außerordentliche Kündigung** (siehe 3.3.3). Eine ordentliche wie auch eine außerordentliche Kündigung kann sowohl vom Arbeitgeber wie auch vom Arbeitnehmer ausgesprochen werden.

3.3.2 Die ordentliche Kündigung

3.3.2.1 Gesetzliche Kündigungsfristen

Mit einer **ordentlichen Kündigung** soll ein auf unbestimmte Zeit abgeschlossenes Arbeitsverhältnis aufgelöst werden. Dabei sind bestimmte Kündigungsfristen einzuhalten (§ 622 BGB). Die ordentliche Kündigung ist der „Normalfall" zur Beendigung eines Arbeitsverhältnisses; sie ist jedoch für einige Personenkreise, die besonderen Kündigungsschutz genießen, gesetzlich nicht zugelassen (siehe 3.4.2). Zum Beispiel kann einem Betriebsratsmitglied nicht ordentlich gekündigt werden.

Die **gesetzlichen Kündigungsfristen** für alle Arbeitnehmer (Arbeiter und Angestellte) sind in § 622 BGB geregelt. Die Grundkündigungsfrist beträgt vier Wochen zum 15. oder zum Ende eines jeden Monats. Für länger beschäftigte Arbeitnehmer gelten (ohne Unterscheidung von Arbeitern und Angestellten) einheitlich gestaffelte, gegenüber der Grundkündigungsfrist verlängerte Fristen für die Kündigung durch den Arbeitgeber. Die verlängerten Kündigungsfristen gelten nicht für die Kündigung durch den Arbeitnehmer. Arbeitnehmer können gem. § 622 Abs. 1 grundsätzlich mit einer Frist von vier Wochen kündigen.

Kapitel 3

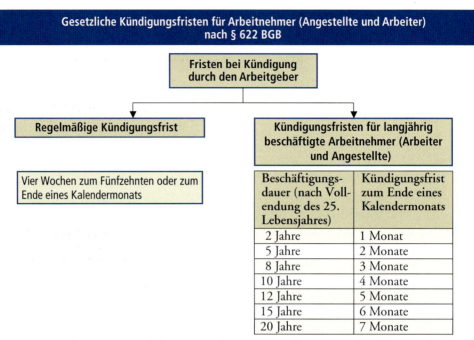

Die **verlängerten** gesetzlichen Fristen gelten nur für Kündigungen **durch den Arbeitgeber**.

Wird bei einer Kündigung die Kündigungsfrist nicht eingehalten, die Kündigung also zu spät ausgesprochen, gilt die Kündigung erst zum nächstzulässigen Kündigungstermin. Die Kündigungserklärung bleibt aber wirksam.

3.3.2.2 Kündigungsgründe

Kündigt der Arbeitnehmer fristgerecht, dann ist für diese ordentliche Kündigung das Vorliegen eines sachlichen Grundes nicht notwendig. **Geht die Kündigung jedoch vom Arbeitgeber aus**, dann fordert das Kündigungsschutzgesetz für Arbeitsverhältnisse einen Grund, der die Kündigung sozial rechtfertigt. Eine sozial ungerechtfertigte Kündigung ist unwirksam, wenn das Arbeitsverhältnis in demselben Betrieb oder Unternehmen länger als sechs Monate bestanden hat (siehe 3.4.1.1).

Ein Berufsausbildungsverhältnis kann während der Probezeit von beiden Seiten fristlos gekündigt werden. Soll nach der Probezeit gekündigt werden, muss gem. § 22 Abs. 2 BBiG ein wichtiger Grund vorliegen (siehe dazu 5.1.4).

3.3.2.3 Abweichende Vereinbarungen

Längere Kündigungsfristen als in § 622 BGB vorgesehen sind, können sowohl in Tarifverträgen als auch in Einzelarbeitsverträgen getroffen werden. Im Einzelarbeitsvertrag getroffene Vereinbarungen dürfen aber nicht zu dem Ergebnis führen, dass der Arbeitnehmer eine längere Kündigungsfrist einzuhalten hat als der Arbeitgeber.

Kürzere Kündigungsfristen können durch den **Einzelarbeitsvertrag** nur vereinbart werden (§ 622 Abs. 5 BGB),
- wenn der Arbeitgeber in der Regel nicht mehr als 20 Arbeitnehmer beschäftigt und die Kündigungsfrist vier Wochen nicht unterschreitet,
- wenn der Arbeitnehmer zur vorübergehenden Aushilfe eingestellt ist und das Arbeitsverhältnis laut Vertrag auf die Dauer von höchstens drei Monaten festgelegt ist.

Für die Änderung der gesetzlichen Kündigungsfristen durch **Tarifverträge** gibt es keine gesetzlichen Grenzen. Der Gesetzgeber ist davon ausgegangen, dass die Tarifvertragsparteien aufgrund ihrer eingehenden Branchenkenntnisse besser als der Gesetzgeber in der Lage sind, angemessene Kündigungsfristen zu vereinbaren. Wegen des ausgewogenen Stärkeverhältnisses der Tarifpartner hielt der Gesetzgeber einen besonderen Schutz der Arbeitnehmer in diesem Falle nicht für notwendig.

Arten der Kündigungsfristen		
gesetzliche Kündigungsfristen	tarifliche Kündigungsfristen	vertragliche Kündigungsfristen
§ 622 BGB (für Auszubildende: § 22 Berufsbildungsgesetz)	(im Tarifvertrag vereinbarte Kündigungsfristen) **kürzer oder länger als die gesetzlichen Fristen möglich**	(im Einzelarbeitsvertrag vereinbarte Kündigungsfristen) **nur länger als die gesetzlichen Fristen möglich** (Ausnahmen: § 622 Abs. 5 BGB)

3.3.3 Die außerordentliche Kündigung

Die **außerordentliche Kündigung** beendet das Arbeitsverhältnis vorzeitig und ohne Einhaltung der gesetzlich geltenden Kündigungsfristen. Voraussetzung für die außerordentliche Kündigung ist ein wichtiger Grund, der dem Kündigenden die Fortsetzung des Arbeitsverhältnisses bis zum Ablauf der ordentlichen Kündigungsfrist oder bis zur vereinbarten Beendigung des Arbeitsverhältnisses unzumutbar macht (§ 626 BGB). In der Regel erfolgt sie fristlos; der Arbeitgeber kann jedoch auch bei einer außerordentlichen Kündigung eine gewisse Frist einräumen.

Wichtige Gründe für außerordentliche Kündigungen	
Kündigung durch Arbeitgeber	**Kündigung durch Arbeitnehmer**
• Vorlage falscher Zeugnisse bzw. gefälschter Zeugnisse • Diebstahl, Unterschlagung, Betrug • grobe Beleidigung oder Tätlichkeit des Arbeitnehmers • unberechtigte Arbeitsverweigerung	• keine Zahlung des Arbeitsentgelts • grobe Beleidigung oder Tätlichkeit des Arbeitgebers • ernstliche Bedrohung von Leben oder Gesundheit durch das Arbeitsverhältnis

Mit der außerordentlichen Kündigung kann auch ein Arbeitsverhältnis beendet werden, für das eine ordentliche Kündigung nicht möglich ist.

Das Recht auf außerordentliche Kündigung kann vertraglich nicht völlig ausgeschlossen werden.

Dem Kündigungsberechtigten wird eine **Frist von zwei Wochen** eingeräumt, innerhalb derer er sich entscheiden muss, ob er eine außerordentliche Kündigung aussprechen will (§ 626 BGB). Die Frist rechnet von dem Tag ab, an dem er von den Tatsachen Kenntnis erlangt hat, die zur außerordentlichen Kündigung berechtigen. Der Kündigende muss dem Gekündigten auf Verlangen unverzüglich den Kündigungsgrund schriftlich mitteilen.

Da der Arbeitgeber in dem Zeitraum von zwei Wochen auch noch den **Betriebsrat** beteiligen muss, hat er sich sehr rasch zu entscheiden, ob er das Fehlverhalten eines Arbeitnehmers zum Anlass einer außerordentlichen Kündigung nehmen will.

Grundsituationen der außerordentlichen Kündigung	
Eine **ordentliche Kündigung ist möglich**, jedoch ist die Einhaltung der Kündigungsfrist unzumutbar.	Für einen besonders geschützten Personenkreis ist die **ordentliche Kündigung nicht möglich**, die außerordentliche jedoch zulässig: • befristete Arbeitsverhältnisse • Berufsausbildungsverhältnisse nach der Probezeit • Mitglieder des Betriebsrats • ältere Arbeitnehmer mit tariflichem Kündigungsschutz

3.3.4 Die Abmahnung

Pflichtverletzungen des Arbeitnehmers im Verhaltensbereich sind ein häufiger Kündigungsgrund. Nur in Ausnahmefällen wird eine solche Pflichtverletzung von der Rechtsprechung als so schwerwiegend angesehen, dass ohne vorherige Warnung eine Kündigung rechtsgültig ausgesprochen werden kann. Der Arbeitgeber muss den Arbeitnehmer vorher aufgefordert haben, sein Verhalten zu ändern. Diese Aufforderung, die schriftlich oder mündlich vorgebracht werden kann, wird als **Abmahnung** bezeichnet.

Die Abmahnung hat die Funktion, den Arbeitnehmer zu warnen, dass er im Wiederholungsfall mit der Kündigung seines Arbeitsverhältnisses zu rechnen hat **(Warnfunktion)**. Wird sie schriftlich ausgesprochen und zu den Personalakten genommen, hat sie auch eine **Dokumentationsfunktion**.

Beispiele für Pflichtverletzungen im Verhaltensbereich

- zu geringe oder schlechte Arbeitsleistung
- unentschuldigtes Fehlen
- verspätetes Erscheinen am Arbeitsplatz
- Verursachung vieler Fehler
- Nichtbefolgung von Anweisungen

In der Abmahnung muss der Pflichtenverstoß konkret genannt sein. Sie muss unmissverständlich klar machen, dass der Arbeitnehmer im Wiederholungsfall mit einer Kündigung zu rechnen hat. Die Abmahnung erfolgt ohne Mitwirkung des Betriebsrats; dieser muss weder unterrichtet noch angehört werden.

Die Abmahnung ist gesetzlich nicht geregelt.

3.3.5 Pflichten von Arbeitgeber und Arbeitnehmer bei Beendigung des Arbeitsverhältnisses

3.3.5.1 Pflichten des Arbeitgebers

Nach der Kündigung des Arbeitsverhältnisses muss der Arbeitgeber dem Arbeitnehmer unter Fortzahlung des Entgelts eine **angemessene Zeit zum Suchen eines neuen Arbeitsplatzes** gewähren (§ 629 BGB).

Der Arbeitnehmer hat bei Beendigung des Arbeitsverhältnisses Anspruch auf Ausstellung eines Zeugnisses. Zu unterscheiden sind:

- das einfache Arbeitszeugnis und
- das qualifizierte Arbeitszeugnis.

Beendigung des Arbeitsverhältnisses

Das **einfache Arbeitszeugnis** beschränkt sich auf Angaben zur Person und zur Art und Dauer des Arbeitsverhältnisses. Es kann Aussagen über zugeteilte Kompetenzen (Befugnisse) enthalten, nicht jedoch eine Beurteilung der Leistung und des Verhaltens.

Das **qualifizierte Arbeitszeugnis** enthält zusätzlich zu den Angaben des einfachen Zeugnisses eine Beurteilung der Leistungen und der Führung im Dienst. Gesetzliche Grundlagen für die Zeugniserteilung sind § 630 BGB und § 109 Gewerbeordnung.

> **Redewendungen der in der Praxis üblichen Zeugnissprache**
>
> Er/Sie hat die ihm/ihr übertragenen Aufgaben
> - stets zu unserer vollen Zufriedenheit erledigt und unseren Erwartungen in jeder Hinsicht entsprochen = überdurchschnittliche Leistung
> - stets zu unserer vollen Zufriedenheit erledigt = gute Leistung
> - zu unserer Zufriedenheit erledigt = unterdurchschnittliche, aber ausreichende Leistung
> - im Großen und Ganzen zu unserer Zufriedenheit erledigt = noch ausreichende Leistung
> - zu unserer Zufriedenheit zu erledigen versucht, oder führte die ihm/ihr übertragenen Leistungen mit großem Fleiß und Interesse durch = mangelhafte Leistung
>
> Nach: Spiegelhalter, Handlexikon des Arbeitsrechts, München 1991, Sachwort „Zeugnis". Diese Redewendungen wurden in verschiedenen Urteilen des Bundesarbeitsgerichts und von Landesarbeitsgerichten in diesem Sinne ausgelegt.

Der Arbeitnehmer hat ein **Wahlrecht** zwischen dem einfachen und dem qualifizierten Zeugnis. In der Praxis wird dem ausscheidenden Arbeitnehmer von vornherein ein qualifiziertes Zeugnis angeboten. Es kann dem Arbeitnehmer aber nicht aufgezwungen werden. Das Gebot der Wahrheitspflicht und die Verpflichtung, das Fortkommen des Arbeitnehmers nicht unnötig zu erschweren, schließen sich häufig gegenseitig aus. Das führte in der Praxis zu einer eigenen „Zeugnissprache".

3.3.5.2 Pflichten des Arbeitnehmers

Der Arbeitnehmer hat bei Beendigung des Arbeitsverhältnisses **Herausgabe- und Rechenschaftspflichten**. Werkzeug, Arbeitsmittel, Schutzkleidung usw. sind herauszugeben. Über die Aufbewahrung von Vorgängen und Akten ist Auskunft zu geben.

Grundsätzlich endet das **Wettbewerbsverbot** (siehe 2.4.1), wenn das Arbeitsverhältnis beendet wird. Durch Vertrag kann das Wettbewerbsverbot über das Ende des Arbeitsverhältnisses hinaus ausgedehnt werden. Solche Regelungen unterliegen aber bestimmten gesetzlichen Beschränkungen, da sie u. U. das berufliche Fortkommen des Arbeitnehmers erschweren.

Nach den Vorschriften der § 74ff. HGB, deren Wirkung von der Rechtsprechung auf alle Arbeitnehmer ausgedehnt wurde, muss eine Vereinbarung über ein Wettbewerbsverbot über das Arbeitsverhältnis hinaus

- schriftlich geschlossen werden,
- zum Schutz eines berechtigten geschäftlichen Interesses des Arbeitgebers dienen,
- auf einen Zeitraum von längstens zwei Jahren beschränkt sein,
- die Zahlung einer Entschädigung an den Arbeitnehmer vorsehen.

3.4 Der Kündigungsschutz
3.4.1 Allgemeiner Kündigungsschutz
3.4.1.1 Die sozial ungerechtfertigte Kündigung

Für die meisten Arbeitnehmer ist der Arbeitsplatz die einzige Existenzgrundlage. Der Arbeitnehmer will deshalb seinen Arbeitsplatz gesichert sehen. Andererseits müssen sich Unternehmen ständig an die Marktverhältnisse anpassen, was zum Wegfall von Arbeitsplätzen führen kann. Das Kündigungsschutzgesetz versucht, zwischen diesen sich entgegenstehenden Interessen einen tragbaren Ausgleich zu schaffen und verwirklicht damit den Grundsatz der Sozialstaatlichkeit (Art. 20 Abs. 1 GG).

Der Schutz des Arbeitnehmers durch das Kündigungsschutzgesetz ist an zwei Voraussetzungen gebunden, eine zeitliche und eine betriebliche.

Als **zeitliche Voraussetzung** (§ 1 Abs. 1 KSchG) wird verlangt, dass das Arbeitsverhältnis mit dem Gekündigten in demselben Betrieb oder Unternehmen ohne Unterbrechung länger als sechs Monate bestanden haben muss.

Die **betriebliche Voraussetzung** (§ 23 KSchG) besteht darin, dass der Betrieb, in dem der Arbeitnehmer tätig ist, regelmäßig mehr als zehn Arbeitnehmer beschäftigt. Vor dem Jahr 2004 lag die Grenze bei fünf Arbeitnehmern. Für Arbeitnehmerinnen und Arbeitnehmer, die vor dieser Rechtsänderung eingestellt wurden, ändert sich jedoch nichts.

Der **allgemeine Kündigungsschutz** dient vor allem der Verhinderung sozial ungerechtfertigter Kündigungen. Wenn das Kündigungsschutzgesetz nicht anwendbar ist, kann „grundlos" gekündigt werden.

Beispiele für sozial gerechtfertigte Kündigungsgründe

Kündigungsschutzgesetz beschränkt die grundsätzliche Kündigungsfreiheit des Arbeitgebers. Es erlaubt ihm nur die sozial gerechtfertigte Kündigung. Eine solche „soziale Rechtfertigung" kann sich aus folgenden Gründen ergeben:
- Gründe in der Person des Arbeitnehmers:
  – mangelnde körperliche oder geistige Eignung,
  – Ungeschicklichkeit,
  – mangelnde Ausbildung,
  – mangelnde Fähigkeit, sich die erforderlichen Fähigkeiten zu erwerben,
  – lang andauernde Erkrankung, ohne dass die Genesung abzusehen ist.
- Verhaltensbedingte Gründe:
  – wiederholte Unpünktlichkeit,
  – Beleidigungen,
  – Schlechtarbeiten,
  – Verstöße gegen Gehorsams- und Verschwiegenheitspflicht.
- Betriebliche Gründe:
  – Absatzschwierigkeiten,
  – Rohstoffmangel,
  – Einführung arbeitssparender Maschinen, Änderung der Produktionsmethoden,
  – Stilllegung einzelner Abteilungen,
  – Betriebseinschränkungen.

Damit eine **Kündigung sozial gerechtfertigt** ist, muss sie durch eine der folgenden Gründe bedingt sein (§ 1 Abs. 2 KSchG):
- Gründe in der Person des Arbeitnehmers,
- Gründe in dem Verhalten des Arbeitnehmers,
- dringende betriebliche Gründe, die einer Weiterbeschäftigung des Arbeitnehmers in diesem Betrieb entgegenstehen.

Personenbedingte Gründe für eine Kündigung liegen vor, wenn sie sich aus persönlichen Eigenschaften des Arbeitnehmers ergeben, für die er nicht verantwortlich gemacht werden kann. Er hat den guten Willen, seine Pflichten aus dem Arbeitsvertrag zu erfüllen, kann das aber nicht.

Für den Fall, dass der Arbeitgeber eine **häufige oder lang andauernde Erkrankung** des Arbeitnehmers als Kündigungsgrund anführt, hat die Rechtsprechung strenge Anforderungen entwickelt. Der Arbeitgeber muss zunächst versuchen, dem Arbeitnehmer eine seinem Gesundheitszustand angemessene Arbeit zuzuweisen. Erst wenn die häufige oder lang andauernde Erkrankung unzumutbare betriebliche Auswirkungen hat, kann die Kündigung sozial gerechtfertigt sein.

Verhaltensbedingte Gründe liegen vor bei schuldhafter Verletzung der Pflichten aus dem Arbeitsvertrag, d. h., der Arbeitnehmer kann sich anders verhalten, will es aber nicht.

Betriebliche Gründe können sich z. B. aus Rationalisierungsmaßnahmen, Änderung des Produktionsprogramms oder auch aus Absatzschwierigkeiten ergeben. Die Kündigung wird aber nur dann als dringendes betriebliches Erfordernis anerkannt, wenn sie sich nicht durch andere Maßnahmen vermeiden lässt (z. B. Abbau von Überstunden, Einführung von Kurzarbeit).

Ist einem Arbeitnehmer aus dringenden betrieblichen Erfordernissen gekündigt worden, so ist die Kündigung nach § 1 Abs. 2 KSchG trotzdem sozial ungerechtfertigt, wenn der Arbeitgeber bei der Auswahl der zu kündigenden Arbeitnehmer **soziale Gesichtspunkte** nicht oder nicht ausreichend berücksichtigt hat (§ 1 Abs. 3 KSchG).

Bei betriebsbedingten Kündigungen wird die Sozialauswahl auf vier Kriterien begrenzt:

- Dauer der Betriebszugehörigkeit,
- Lebensalter,
- Grad einer Schwerbehinderung,
- Unterhaltspflichten des Arbeitnehmers.

Arbeitnehmer, deren Weiterbeschäftigung im berechtigten Interesse des Betriebs liegt (z. B. wegen ihrer Kenntnisse und Fähigkeiten), brauchen in die Auswahl nicht einbezogen zu werden.

Auf Verlangen des Arbeitnehmers hat der Arbeitgeber dem Arbeitnehmer die Gründe anzugeben, die zu der getroffenen sozialen Auswahl geführt haben. Der Arbeitnehmer hat die Tatsachen zu beweisen, die die Kündigung als sozial ungerechtfertigt erscheinen lassen (§ 1 Abs. 3 Satz 3 KSchG).

Ebenfalls sozial ungerechtfertigt ist eine Kündigung, wenn die Weiterbeschäftigung des Arbeitnehmers nach **zumutbaren Umschulungs- oder Fortbildungsmaßnahmen** oder unter geänderten Arbeitsbedingungen möglich ist und der Arbeitnehmer sein Einverständnis hierzu erklärt hat (§ 1 Abs. 2 KSchG).

Die **Kündigung** eines Arbeitsverhältnisses ist **unwirksam,** wenn sie nicht durch einen der aufgeführten Gründe sozial gerechtfertigt ist.

Der Arbeitnehmer kann innerhalb von drei Wochen nach Zugang der Kündigung **Klage beim Arbeitsgericht** auf Feststellung erheben, dass die Kündigung sozial ungerechtfertigt sei. Wird diese Frist versäumt, dann gilt die Kündigung als von Anfang an rechtswirksam.

Bei betriebsbedingten Kündigungen kann der Arbeitnehmer statt einer Kündigungsschutzklage ein einfacheres Verfahren wählen. Statt der Klage vor einem Arbeitsgericht kann er vom Arbeitgeber eine Abfindung in Höhe eines halben Monatsgehalts pro Beschäftigungsjahr verlangen (§ 1a KSchG).

Kündigungsschutz bei sozial ungerechtfertigter Kündigung nach dem Kündigungsschutzgesetz				
Voraussetzungen für die Anwendbarkeit des Kündigungsschutzgesetzes		zulässige Kündigungsgründe		
zeitliche Voraussetzung: mehr als 6 Monate Betriebszugehörigkeit	betriebliche Voraussetzung: regelmäßig mehr als 10 Arbeitnehmer im Betrieb	personenbedingte Gründe	verhaltensbedingte Gründe	betriebsbedingte Gründe

3.4.1.2 Mitwirkung des Betriebsrats

Der Arbeitgeber hat vor jeder Kündigung die Pflicht, den Betriebsrat zu informieren. Er hat den **Betriebsrat** zu hören und ihm die Gründe für die Kündigung mitzuteilen. Wird der Betriebsrat vorher nicht gehört oder wurde er nicht ausreichend informiert, ist die Kündigung unwirksam (§ 102 Abs. 1 BetrVG).

In der Praxis erweisen sich Kündigungen häufig deshalb als unwirksam, weil der Betriebsrat nicht ausreichend informiert wurde.

Der Betriebsrat kann sowohl einer ordentlichen wie einer außerordentlichen Kündigung widersprechen. Er hat dies dem Arbeitgeber spätestens innerhalb einer Woche unter Angabe von Gründen schriftlich mitzuteilen (§ 102 Abs. 2 BetrVG).

Auch bei einer Kündigung in den ersten sechs Monaten der Beschäftigungszeit, für die das Kündigungsschutzgesetz noch nicht wirkt, ist der Betriebsrat vorher zu hören.

Der Widerspruch des Betriebsrats allein hat noch keine rechtliche Wirkung.

Hat der Betriebsrat **frist- und ordnungsgemäß widersprochen** und hat der Arbeitnehmer Kündigungsschutzklage nach § 4 KSchG erhoben, muss der Arbeitgeber auf Verlangen des Arbeitnehmers diesen nach Ablauf der Kündigungsfrist bis zum rechtskräftigen Abschluss des Rechtsstreits **bei unveränderten Arbeitsbedingungen weiterbeschäftigen** (§ 102 Abs. 5 BetrVG).

3.4.1.3 Kündigungsschutz bei Massenentlassungen

Das Kündigungsschutzgesetz sieht einen besonderen Kündigungsschutz vor, wenn in einem Betrieb mit mehr als 20 Arbeitnehmern ein relativ großer Anteil der Belegschaft entlassen werden soll. Gem. § 17 KSchG ist der Arbeitgeber dann verpflichtet, der Agentur für Arbeit Anzeige zu erstatten. Nach § 17 KSchG angezeigte Entlassungen können gem. § 18 KSchG vor Ablauf eines Monats nach Eingang der Anzeige nur mit Zustimmung der Agentur für Arbeit wirksam werden. Während dieser Sperrfrist kann die Bundesagentur für Arbeit Kurzarbeit zulassen (§ 19 KSchG).

3.4.2 Kündigungsschutz für besondere Arbeitnehmergruppen

Für die folgenden Personengruppen gibt es einen besonderen Kündigungsschutz **sowohl für die ordentliche als auch für die außerordentliche Kündigung:**

- Gem. § 9 Mutterschutzgesetz ist die Kündigung **während der Schwangerschaft** und bis zu **vier Monaten nach der Entbindung** unzulässig. Der Kündigungsschutz greift grundsätzlich nur dann ein, wenn dem Arbeitgeber bei der Kündigung die Schwangerschaft bekannt

war. Die werdende Mutter kann jedoch noch innerhalb von zwei Wochen nach Zugang der Kündigung ihren Arbeitgeber von der Schwangerschaft unterrichten.
- Die **Mitglieder eines Betriebsrats, einer Personalvertretung** (im öffentlichen Dienst) oder einer **Jugend- und Auszubildendenvertretung** haben einen besonderen Kündigungsschutz. Um sicherzustellen, dass sie in der Ausübung ihrer Ämter unabhängig sind, ist eine ordentliche Kündigung unzulässig (§ 15 Abs. 1 und Abs. 2 KSchG). Eine außerordentliche Kündigung erfordert die Zustimmung des Betriebsrats bzw. des Personalrats bzw. der Jugendvertretung (§ 103 Abs. 1 BetrVG). Diese Zustimmung kann bei Vorliegen bestimmter Voraussetzungen durch eine Zustimmung des Arbeitsgerichts ersetzt werden. Unkündbar ist auch ein Arbeitnehmer, der zu einer Betriebs- oder Wahlversammlung einlädt oder die Bestellung eines Wahlvorstandes zur Betriebsratswahl beantragt. Die Schutzfrist dauert vom Zeitpunkt der Einladung oder Antragstellung bis zur Bekanntgabe des Wahlergebnisses (§ 15 Abs. 3 a KSchG).
- Die **Kündigung eines schwerbehinderten Menschen** bedarf der vorherigen Zustimmung des Integrationsamtes (§ 85 SGB IX).

Bei den folgenden Personengruppen ist **lediglich die ordentliche Kündigung ausgeschlossen**, die außerordentliche jedoch erlaubt:
- **Wehrdienstleistende waren** während der Dauer des Grundwehrdienstes und der Wehrübungen ebenso wie Zivildienstleistende nicht ordentlich kündbar (§ 2 Abs. 1 Arbeitsplatzschutzgesetz). Nachdem die Wehrpflicht ebenso wie die Zivildienstpflicht zum 1. Juli 2011 ausgesetzt wurde, gilt diese Regelung entsprechend für den neuen „freiwilligen Wehrdienst" (§ 16 Abs. 7 Arbeitsplatzschutzgesetz), nicht jedoch für den „Bundesfreiwilligendienst" (dies ist der Ersatz für den Zivildienst).
- Nach der Probezeit kann das **Ausbildungsverhältnis eines Auszubildenden** von beiden Seiten nur außerordentlich aus wichtigem Grund gekündigt werden (siehe 5.1.4).

Aufgaben

1 Kündigungsfrist
Ein 42-jähriger kaufmännischer Angestellter ist seit 13 Jahren in demselben Unternehmen beschäftigt.
Zu welchem Termin und mit welcher Frist kann ihm gekündigt werden?

2 Vereinbarungen über Kündigungsfristen
Entscheiden Sie, ob die folgenden Vereinbarungen über Kündigungsfristen zulässig sind:
(A) Im Arbeitsvertrag des für vier Monate zur Aushilfe eingestellten Horst Laube wird eine Kündigungsfrist von zwei Wochen zum Monatsende vereinbart.
(B) In einem Tarifvertrag wird vereinbart, dass die verlängerten Kündigungsfristen nach § 622 Abs. 2 BGB für fünf-, zehn- und 20-jährige Betriebszugehörigkeit auf drei Wochen, einen Monat und zwei Monate abgekürzt werden.
(C) Im Arbeitsvertrag zwischen dem Prokuristen Walter Thiele und der Rheinischen Lebens- und Sachversicherungs AG wird eine Kündigungsfrist von 18 Monaten vereinbart.

(D) Im Arbeitsvertrag zwischen dem Bauunternehmer Hans Hartmann und seinem langjährigen, erfahrenen Mitarbeiter, dem Prokuristen Dieter Kaiser, wird vereinbart, dass:

– der Arbeitgeber mit einer Frist von sechs Monaten und

– der Arbeitnehmer mit einer Frist von neun Monaten

kündigen darf.

(E) Im Arbeitsvertrag zwischen dem Bauunternehmer Hartmann und dem Facharbeiter Thomas Heil wird eine Kündigungsfrist von einer Woche vereinbart.

3 Außerordentliche Kündigung

Darf ein Arbeitgeber aus folgenden Gründen eine außerordentliche Kündigung aussprechen?

☐1 ja ☐2 nein

(A) Unterschlagung von Betriebsgeldern

(B) Übertretung des Rauchverbots

(C) Unsorgfältige und zu langsame Arbeitsweise

(D) Lang andauernde Erkrankung

(E) Unerwartete Stornierung eines Großauftrags

(F) Entziehung der Fahrerlaubnis für einen Kraftfahrer

4 Sozial gerechtfertigte oder sozial ungerechtfertigte Kündigungen

Entscheiden Sie, in welchen Fällen bei der Kündigung eines Arbeitsverhältnisses, das länger als sechs Monate bestand, die Voraussetzungen einer sozial ungerechtfertigten Kündigung vorliegen. (Das Unternehmen beschäftigt regelmäßig mehr als zehn Arbeitnehmer.) Ordnen Sie zu:

☐1 sozial gerechtfertigte Kündigung, ☐2 sozial ungerechtfertigte Kündigung.

(A) Kündigungsgrund: Stilllegung einzelner Abteilungen des Unternehmens. Soziale Gesichtspunkte bei der Auswahl des zu entlassenden Arbeitnehmers wurden berücksichtigt.

(B) Kündigungsgrund: wiederholte, abgemahnte Unpünktlichkeit des Arbeitnehmers, der außerdem schon mehrfach die Verschwiegenheitspflicht verletzt hat. Soziale Gesichtspunkte wurden nicht geprüft.

(C) Kündigungsgrund: einmalige Nichtbefolgung einer Anordnung der Unternehmensleitung.

(D) Kündigungsgrund: offensichtliche mangelnde fachliche Eignung des Arbeitnehmers. Ein Einsatz in einer anderen, niedriger bezahlten Beschäftigung wäre möglich, wurde aber von dem Arbeitnehmer verweigert.

5 Kündigungsschutz/Mitwirkung des Betriebsrats

Das Bauunternehmen Westbau K. Schlüter GmbH & Co. KG beschäftigt in der Regel 195 Arbeitnehmer. Nachdem ein Großauftrag storniert (rückgängig gemacht) worden ist, sieht sich das Unternehmen gezwungen, 45 Arbeitnehmern zu kündigen.

a) Was hat das Unternehmen wegen der geplanten Massenentlassung nach § 17 Kündigungsschutzgesetz zu veranlassen?

b) Welche Sperrfrist zugunsten der Arbeitnehmer enthält § 18 Kündigungsschutzgesetz?

6 Prüfungspflichten des Arbeitgebers zum Kündigungsschutz

In einem Maschinenbaubetrieb werden an einer Anlage drei Schlosser beschäftigt:
1. Alfred Alt, 49 Jahre alt, 17 Jahre Betriebszugehörigkeit, verheiratet, keine Kinder, kaum Fehlzeiten, ausgeglichene Leistungen;
2. Berthold Bertram, 37 Jahre alt, 15 Jahre Betriebszugehörigkeit, verheiratet, zwei Kinder, erhebliche Fehlzeiten, ausgeglichene Leistungen;
3. Claus Clausen, 22 Jahre alt, vier Jahre Betriebszugehörigkeit, unverheiratet, keine Fehlzeiten, sehr gute Leistungen.

Im Rahmen eines umfangreichen Investitionsprogrammes wird die Anlage durch eine modernere ersetzt, die nur noch von zwei Schlossern bedient zu werden braucht. Eine Umschulung der Arbeitnehmer auf eine andere Tätigkeit ist nicht möglich.
Welchem Arbeitnehmer kann der Betrieb kündigen?

Wiederholungsfragen

1. Wodurch kann ein Arbeitsvertrag beendet werden?
2. Welche regelmäßigen Kündigungsfristen gelten für Arbeitnehmer nach dem Bürgerlichen Gesetzbuch?
3. Welche Kündigungsfristen gelten für langjährig beschäftigte Arbeitnehmer?
4. Unter welchen Voraussetzungen und in welcher Weise können die gesetzlichen Kündigungsfristen abgeändert werden?
5. Unter welcher Voraussetzung ist eine außerordentliche Kündigung möglich? Geben Sie Beispiele für Gründe, die eine außerordentliche Kündigung rechtfertigen!
6. In welchen Fällen ist vor der Kündigung eine Abmahnung notwendig? Was bezweckt die Abmahnung?
7. Welche Pflichten hat der Arbeitnehmer nach Beendigung des Arbeitsverhältnisses?
8. In welchem Gesetz ist der allgemeine Kündigungsschutz geregelt?
9. Unter welchen Voraussetzungen liegt eine sozial ungerechtfertigte Kündigung vor?
10. Welche Möglichkeiten der Mitwirkung hat der Betriebsrat bei Kündigungen?
11. Für welche Arbeitnehmergruppen gelten besondere kündigungsrechtliche Schutzvorschriften?
12. In welchen Fällen kann ein Berufsausbildungsverhältnis gekündigt werden?
13. Wie ist der Kündigungsschutz bei Massenentlassungen geregelt?

4 Das Arbeitsschutzrecht

4.1 Begriff und Aufgaben des Arbeitsschutzes

Der Arbeitnehmer ist bei der Arbeit im Betrieb von Gefahren bedroht. Hier greift der Staat mit gesetzlichen Regelungen ein, die den Arbeitnehmer vor Ausbeutung, Arbeitsunfähigkeit, Krankheit und Tod schützen sollen. Alle Bestimmungen und Vorschriften, die dem Schutz des Arbeitnehmers dienen, werden zusammengefasst als **Arbeitsschutzrecht** bezeichnet.

Zum **technischen Arbeitsschutz** zählen alle Vorschriften, die sich auf die Erhöhung der Arbeitssicherheit beziehen. Der Arbeitgeber ist verpflichtet, die Arbeitsstätte (Maschinen, Geräte, Anlagen) so einzurichten, dass der Arbeitnehmer gegen Gefahren für Leben und Gesundheit geschützt ist.

Sozialer Arbeitsschutz betrifft vor allem den Arbeitszeitschutz, den Urlaubsanspruch und den Kündigungsschutz. Es gibt gesetzliche Regelungen, die für alle Arbeitnehmer gelten. Für einige Arbeitnehmergruppen gelten zusätzliche Schutzvorschriften, z. B. für Jugendliche, Frauen, werdende Mütter, behinderte Menschen.

4.2 Gesundheits- und Unfallschutz

4.2.1 Allgemeiner Gesundheitsschutz

Mit dem **Arbeitsschutzgesetz (ArbSchG)** wurden EG-Rahmenrichtlinien zum Arbeitsschutz in das deutsche Recht umgesetzt. Das Gesetz dient dazu, Sicherheit und Gesundheitsschutz der Beschäftigten bei der Arbeit zu sichern und zu verbessern. Für den Arbeitgeber stellt das Gesetz u. a. folgende allgemeine Grundsätze auf:

- Die Arbeit ist so zu gestalten, dass eine Gefährdung für Leben und Gesundheit möglichst vermieden wird.
- Der Stand von Technik, Arbeitsmedizin und Hygiene ist zu berücksichtigen.
- Spezielle Gefahren für besonders schutzbedürftige Personenkreise sind zu beachten.

Das Arbeitsschutzgesetz ist die zentrale Vorschrift für den Gesundheitsschutz am Arbeitsplatz. Außerdem finden sich Vorschriften z. B. in der Gewerbeordnung, in der Arbeitsstättenverordnung, in der Verordnung über Sicherheit und Gesundheitsschutz bei der Arbeit an Bildschirmgeräten und in den Unfallverhütungsvorschriften der Berufsgenossenschaften.

Verordnung über Arbeitsstätten (Arbeitsstätt-VO), Anhang zu § 3:
Einrichten und Betreiben von Arbeitsstätten
1.2 Abmessungen von Räumen, Luftraum
1.5 Fußböden, Wände, Decken, Dächer
3.2 Anordnung der Arbeitsplätze
3.3 Ausstattung
3.4 Beleuchtung und Sichtverbindung
3.5 Raumtemperatur
3.6 Lüftung
3.7 Lärm
4.2 Pausen- und Bereitschaftsräume

Die **Arbeitsstättenverordnung** und verschiedene EU-Richtlinien verpflichten den Arbeitgeber, Arbeitsräume, Betriebsvorrichtungen, Maschinen und Geräte so einzurichten und zu unterhalten, dass ein gefahrloser Betrieb möglich ist. Er hat Arbeitsstätten bereitzuhalten, die den anerkannten sicherheitstechnischen, arbeitsmedizinischen und hygienischen Forderungen entsprechen.

Die **staatlichen Gewerbeaufsichtsämter** und die staatlichen Berufsgenossenschaften überwachen die Einhaltung dieser Vorschriften.

4.2.2 Gesundheitsschutz für besondere Arbeitnehmergruppen

Für Jugendliche und für Mütter gelten besondere Schutzvorschriften.
Die Beschäftigung von **Kindern unter 15 Jahren ist verboten** (§§ 2, 5 JArbSchG).

Das Verbot gilt nicht für Kinder über 13 Jahre, wenn die Beschäftigung leicht und für Kinder geeignet ist, täglich zwei Stunden nicht überschreitet und der Personensorgeberechtigte der Beschäftigung zustimmt. Kinder, die der Vollzeitschulpflicht nicht mehr unterliegen, dürfen in einem Berufsausbildungsverhältnis beschäftigt werden.

Jugendliche dürfen nicht mit Akkordarbeit und nicht mit solchen Arbeiten beschäftigt werden, bei denen durch gesteigertes Arbeitstempo ein höheres Entgelt erzielt werden kann (tempoabhängige Arbeit, §§ 22, 23 JArbSchG). Ein neu in das Berufsleben eintretender Jugendlicher darf nur nach einer **Erstuntersuchung** beschäftigt werden (§ 32 JArbSchG).

Rechtsgrundlage des Mutterschutzes ist vor allem das **Mutterschutzgesetz.** Es gelten folgende Beschäftigungsverbote:

- Werdende Mütter dürfen nicht mit schwerer körperlicher Arbeit und nicht mit gesundheitsgefährdenden Arbeiten beschäftigt werden (§ 4 MuSchG).
- Sechs Wochen vor und acht Wochen nach der Geburt dürfen werdende Mütter nicht beschäftigt werden. Innerhalb des Beschäftigungsverbots vor der Geburt ist eine Beschäftigung ausnahmsweise möglich, wenn sich die Frau zur Arbeitsleistung ausdrücklich bereit erklärt (§§ 3, 6 MuSchG).

4.3 Arbeitszeitschutz

4.3.1 Allgemeiner Arbeitszeitschutz

Die Arbeitszeitschutzbestimmungen sollen den Arbeitnehmer vor übermäßiger Belastung schützen und ihm im Interesse seiner Menschenwürde Raum für Freizeit und Muße geben. Das **Arbeitszeitgesetz** (ArbZG) legt lediglich Höchstgrenzen für die Arbeitszeit fest. Die tatsächliche zeitliche Arbeitsverpflichtung ergibt sich ganz überwiegend aus Tarifverträgen oder dem Einzelarbeitsvertrag. Das Arbeitszeitgesetz gilt nicht für leitende Angestellte.

Die **werktägliche Arbeitszeit** darf acht Stunden nicht überschreiten. Als Werktage gelten alle Wochentage von Montag bis einschließlich Samstag. Die tägliche Arbeitszeit kann auf bis zu zehn Stunden verlängert werden, wenn innerhalb von sechs Kalendermonaten oder innerhalb von 24 Wochen im Durchschnitt acht Stunden werktäglich nicht überschritten werden (§ 3 ArbZG). Eine solche Verlängerung der Arbeitszeit ist an keinen besonderen Grund gebunden.

Arbeitnehmer dürfen nicht länger als sechs Stunden hintereinander ohne **Ruhepausen** beschäftigt werden (§ 4 ArbZG). Die Arbeitspausen müssen insgesamt mindestens betragen:

- bei einer Arbeitszeit von mehr als sechs bis zu neun Stunden: 30 Minuten,
- bei einer Arbeitszeit von mehr als neun Stunden: 45 Minuten.

Die Ruhepausen müssen im Voraus festgelegt und dürfen in Zeitabschnitte von jeweils 15 Minuten aufgeteilt werden. Sie gelten einheitlich für Männer und Frauen. Nach Beendigung der täglichen Arbeitszeit muss eine ununterbrochene Ruhezeit von mindestens elf Stunden eingehalten werden (§ 5 ArbZG).

Die Festlegung der Arbeitszeit für **Nacht- und Schicht-Arbeitnehmer** hat die gesicherten arbeitswissenschaftlichen Erkenntnisse über die menschengerechte Gestaltung der Arbeit zu beachten (§ 6 Abs. 1 ArbZG). Die werktägliche Nachtschicht darf wie die normale Tagesarbeit acht Stunden nicht überschreiten. Sie kann bis auf zehn Stunden verlängert werden, wenn der Ausgleich auf durchschnittlich acht Stunden innerhalb eines Kalendermonats erreicht wird.

Arbeitswissenschaftliche Erkenntnisse zur Nacht- und Schichtarbeit – veröffentlicht von der Europäischen Stiftung zur Verbesserung der Lebens- und Arbeitsbedingungen:
- Nur bis zu vier Nachtschichten sollen hintereinander anfallen;
- Ruhepausen zwischen den Schichten sollen ausreichend sein;
- Die Wochenenden (Samstag/Sonntag) sollen regelmäßig arbeitsfrei sein;
- Der Zeitraum der Schichtfolgen soll acht Tage nicht überschreiten;
- Die Schichten sollen „vorwärts" gewechselt werden (von Frühschicht auf Spätschicht, von Spätschicht auf Nachtschicht);
- Über den Schichtplan soll rechtzeitig informiert werden.

Arbeitnehmer dürfen an Sonn-und gesetzlichen Feiertagen zwischen 0 und 24 Uhr nicht beschäftigt werden. Ausnahmen von der **Sonntags- und Feiertagsruhe** gelten für mehrschichtige Betriebe, bei Messen und Ausstellungen, in Notfällen und bei einigen anderen in § 10 ArbZG aufgezählten besonderen Fällen.

4.3.2 Arbeitszeitschutz für besondere Arbeitnehmergruppen

Das **Jugendarbeitsschutzgesetz** dient dem Zweck, die gesundheitliche Entwicklung von Jugendlichen (Personen, die noch nicht 18 Jahre alt sind) vor der Gefährdung durch zu frühe, **zu lange, zu schwere, zu gefährliche und ungeeignete Arbeiten** zu schützen. Die **Arbeitszeit** von Jugendlichen darf nicht mehr als acht Stunden täglich und 40 Stunden wöchentlich betragen (§ 8 JArbSchG). Die **Ruhepausen** für Jugendliche betragen mindestens 30 Minuten nach einer Arbeitszeit von mindestens 4½ bis zu sechs Stunden und 60 Minuten nach einer Arbeitszeit von mehr als sechs Stunden (§ 11 JArbSchG). Nach Beendigung der täglichen Arbeitszeit dürfen Jugendliche erst nach einer ununterbrochenen Ruhepause von 12 Stunden wieder beschäftigt werden (§ 13 JArbSchG). An Samstagen und an Sonntagen dürfen Jugendliche nicht beschäftigt werden (§§ 16, 17 JArbSchG). **Nachtarbeit** ist verboten (§ 14 JArbSchG). Ausnahmen gelten z. B. für die Beschäftigung in Krankenanstalten, Gaststätten und in der Landwirtschaft.

Der Arbeitgeber hat den Jugendlichen für die Teilnahme am **Berufsschulunterricht** freizustellen. Er darf den Jugendlichen gem. § 9 JArbSchG nicht beschäftigen:
- vor einem vor 9 Uhr beginnenden Unterricht; dies gilt auch für Personen, die über 18 Jahre alt und noch berufsschulpflichtig sind,
- an einem Berufsschultag mit mehr als fünf Unterrichtsstunden von mindestens je 45 Minuten, einmal in der Woche,
- in Berufsschulwochen mit einem planmäßigen Blockunterricht von mindestens 25 Stunden an mindestens fünf Tagen. Zusätzliche betriebliche Ausbildungsveranstaltungen bis zu zwei Stunden wöchentlich sind aber zulässig.

Volljährige Auszubildende können vor und nach der Berufsschule im Betrieb noch beschäftigt werden.

Berufsschultage sind mit acht Stunden, Berufsschulwochen bei Blockunterricht mit 40 Stunden auf die Arbeitszeit anzurechnen.

Rechtsgrundlage für den **Mutterschutz** ist vor allem das Mutterschutzgesetz. Werdende und stillende Mütter dürfen nicht mit Mehrarbeit, mit Nachtarbeit und auch nicht an Sonn- und Feiertagen beschäftigt werden (§ 8 MuSchG).

4.4 Urlaubsanspruch

4.4.1 Allgemeiner Urlaubsanspruch

4.4.1.1 Anspruch auf Urlaubserteilung

Der Urlaubsanspruch ergibt sich aus der Fürsorgepflicht des Arbeitgebers. Unterliegt der Arbeitsvertrag nicht einem Tarifvertrag, dann ergibt sich die Mindesturlaubszeit aus dem Bundesurlaubsgesetz.

Nach § 3 des Bundesurlaubsgesetzes hat jeder Arbeitnehmer einen Anspruch auf **mindestens 24 Werktage** bezahlten Urlaub je Jahr. Als Werktage gelten alle Kalendertage, die nicht Sonn- oder gesetzliche Feiertage sind (also auch Samstage). Die Höhe des Urlaubsgelds richtet sich nach dem Durchschnittsverdienst, das der Arbeitnehmer in den letzten 13 Wochen vor dem Beginn des Urlaubs erhalten hat. Nicht berücksichtigt wird die Vergütung für Überstunden (§ 11 BUrlG). Nach einer Wartezeit von sechs Monaten hat der Arbeitnehmer den Urlaubsanspruch für das ganze Jahr (§ 4 BUrlG). Durch ärztliches Zeugnis nachgewiesene Krankheitstage während des Urlaubs werden auf die Urlaubszeit nicht angerechnet (§ 9 BUrlG).

Bei der Festlegung der **zeitlichen Lage des Urlaubs** sind die betrieblichen Interessen gegen die des Arbeitnehmers abzuwägen. Bei der Entscheidung sind auch die Urlaubswünsche anderer Arbeitnehmer zu berücksichtigen, die aus sozialen Gründen den Vorrang verdienen (§ 7 Abs. 1 BUrlG). Je weiter das Urlaubsjahr dem Ende entgegengeht, umso mehr gewinnen die Wünsche des Arbeitnehmers an Gewicht.

4.4.1.2 Anspruch auf Urlaubsabgeltung

Der Urlaub soll der Erholung des Arbeitnehmers dienen. In einem bestehenden Arbeitsverhältnis kann der Urlaub deshalb nicht „verkauft" werden. Eine Vereinbarung zwischen Arbeitgeber und Arbeitnehmer, statt der Urlaubsfreizeit eine finanzielle Abgeltung zu gewähren, wäre nach § 134 BGB nichtig. Wenn dringende betriebliche oder in der Person des Arbeitnehmers liegende Gründe dies rechtfertigen, ist die Übertragung eines Urlaubsanspruchs auf die ersten drei Monate des folgenden Kalenderjahres möglich (§ 7 BUrlG).

Nur wenn ein Arbeitsverhältnis beendet wird und deshalb der Urlaub ganz oder teilweise nicht mehr gewährt werden kann, ist nach dem Bundesurlaubsgesetz eine finanzielle Abgeltung zulässig (§ 7 Abs. 4 BUrlG).

4.4.2 Urlaubsansprüche besonderer Personenkreise und Elterngeld

Jugendlichen gewährt § 19 des Jugendarbeitsschutzgesetzes eine Urlaubszeit, die länger ist als der Mindesturlaub nach dem BUrlG. Der Urlaub Jugendlicher beträgt, wenn der Jugendliche zu Beginn des Kalenderjahres

- noch nicht 16 Jahre alt ist, mindestens 30 Werktage,
- noch nicht 17 Jahre alt ist, mindestens 27 Werktage,
- noch nicht 18 Jahre alt ist, mindestens 25 Werktage.
- **Schwerbehinderte** haben gem. § 125 SGB IX Anspruch auf fünf zusätzliche bezahlte Urlaubstage.

Gem. § 15 des Bundeselterngeld- und Elternteilzeitgesetzes (BEEG) haben Arbeitnehmerinnen und Arbeitnehmer Anspruch auf **Elternzeit**. Elternzeit ist der Anspruch der Arbeitnehmer gegen den Arbeitgeber auf unbezahlte Freistellung von der Arbeit. Voraussetzung ist, dass die Eltern mit dem Kind in einem Haushalt leben und das Kind betreuen und erziehen. Der Arbeitnehmer kann verlangen, von der Arbeit vollständig freigestellt zu werden oder dass seine Beschäftigung auf Teilzeitarbeit umgestellt wird. Er darf während der Elternzeit aber höchstens 30 Wochenstunden erwerbstätig sein.

Dem Zweck nach ist die Freistellung ein Sonderurlaub, wenn auch nicht zur Erholung. Väter und Mütter haben je einen Anspruch auf Elternzeit bis zur Vollendung des dritten Lebensjahres des Kindes. Die Elternzeit kann auch zwischen den Eltern aufgeteilt werden.

Die Elternteile können den Beginn ihrer Elternzeit frei wählen. Sie muss aber spätestens sieben Wochen vor ihrem Beginn vom Arbeitgeber schriftlich verlangt werden. Bis zur Vollendung des dritten Lebensjahres kann Elternzeit ohne Zustimmung des Arbeitgebers genommen werden. Mit Zustimmung des Arbeitgebers kann ein Anteil der dreijährigen Elternzeit von bis zu 12 Monaten angespart und bis zur Vollendung des 8. Lebensjahres übertragen werden.

Mit dem am 1. Januar 2007 in Kraft getretenen Bundeselterngeld- und Elternzeitgesetz wurde das **Erziehungsgeld** durch das **Elterngeld** abgelöst (§ 1 ff. BEEG). Elterngeld erhalten Väter oder Mütter, die eine Zeit lang ganz oder teilweise auf Erwerbstätigkeit verzichten, um ihr Kind zu betreuen. Dadurch soll der Wegfall des Einkommens bis zur Vollendung des 14. Lebensjahres des Kindes (§ 4 BEEG) ausgeglichen werden, der durch den Verzicht auf die Erwerbstätigkeit eingetreten ist. Das Elterngeld beträgt 67 Prozent des monatlich vor der Geburt verfügbaren Nettoeinkommens, höchstens 1800,00 Euro, mindestens jedoch 300,00 Euro. Nicht erwerbstätige Eltern erhalten den Mindestbetrag zusätzlich zum bisherigen Familieneinkommen. Für Geringverdiener mit einem Einkommen unter 1000,00 Euro vor der Geburt wird das Elterngeld auf bis zu 100 Prozent angehoben. Ein Elternteil kann höchstens für 12 Monate Elterngeld in Anspruch nehmen. Die Bezugsdauer erhöht sich auf 14 Monate, wenn sich der andere Elternteil an der Betreuung des Kindes beteiligt und in dieser Zeit Erwerbseinkommen wegfällt.

4.5 Kündigungsschutz

Der Kündigungsschutz ist ein wesentlicher Bereich des sozialen Arbeitsschutzes. Ein Arbeitnehmer, der seinen Arbeitsplatz durch Kündigung verliert, ist meist nicht mehr in der Lage, seine Existenz und die seiner Familie aus eigener Kraft zu sichern. Die Kündigung eines Arbeitnehmers ist deshalb nicht mehr in das freie Belieben des Arbeitgebers gestellt. Das Kündigungsschutzgesetz gibt dem Arbeitnehmer das Recht, durch das Arbeitsgericht nachprüfen zu lassen, ob die ihm gegenüber ausgesprochene Kündigung sozial gerechtfertigt ist.

Zum Kündigungsschutz im Einzelnen siehe 3.4.

Kapitel 4

Arbeitsschutzbestimmungen in der Bundesrepublik Deutschland

	Gesundheits- und Unfallschutz	Arbeitszeitschutz	Urlaubsanspruch	Kündigungsschutz
Allgemeine Schutzbestimmungen durch – Gewerbeordnung – BGB – Arbeitszeitgesetz – Bundesurlaubsgesetz – Kündigungsschutzgesetz	• Schutz von Leben und Gesundheit	• regelmäßige tägliche Arbeitszeit: 8 Stunden • Ausdehnung für bestimmte Arbeiten um 2 Stunden täglich, jedoch höchstens auf 10 Stunden • befristete Arbeitszeitverlängerung durch Gewerbeaufsichtsamt • Mindestruhepausen und -zeiten	• Mindesturlaub: 24 Werktage	• Regelmäßige Kündigungsfrist: 4 Wochen zum 15. oder zum Ende eines Kalendermonats • Erfordernis der sozial gerechtfertigten Kündigung
Sonderschutz für Jugendliche durch – Jugendarbeitsschutzgesetz	• Verbot der Kinderarbeit (unter 15 Jahre) • Verbot gefährlicher und tempoabhängiger Arbeit (Fließband- und Akkordarbeit) • Erstuntersuchungspflicht	• tägliche Arbeitszeit höchstens 8 Stunden • wöchentliche Arbeitszeit höchstens 40 Stunden • Fünftagewoche • Verbot der Sonntags- und Nachtarbeit	• erhöhter Urlaubsanspruch: bis 16 Jahre 30 Werktage bis 17 Jahre 27 Werktage bis 18 Jahre 25 Werktage	
Sonderschutz für Mütter durch – Mutterschutzgesetz – Bundeselterngeld- und Elternteilzeitgesetz (gilt auch für Väter)	• Verbot schwerer körperlicher Arbeit für werdende Mütter • Beschäftigungsverbot für 6 Wochen vor und 8 Wochen nach der Geburt	• Verbot der Mehrarbeit, Sonntags- und Nachtarbeit für werdende und stillende Mütter	• Anspruch auf Elternzeit bis zur Vollendung des 3. Lebensjahres eines Kindes	• Kündigungsschutz während der Schwangerschaft und bis 4 Monate nach der Geburt • Kündigungsschutz während der Elternzeit
Sonderschutz für Schwerbehinderte Menschen durch – SGB IX		Schwerbehinderte Menschen sind auf Verlangen von Mehrarbeit freizustellen	• Anspruch auf Zusatzurlaub	• Kündigung nur mit Zustimmung des Integrationsamtes
Sonderschutz für langjährig beschäftigte Arbeitnehmer durch das BGB (§ 622 Abs. 2)				• Verlängerung der Kündigungsfrist für langjährig beschäftigte Arbeitnehmer Betriebszugehörigkeit / Kündigungsfrist 2 Jahre / 1 Monat 5 Jahre / 2 Monate 8 Jahre / 3 Monate 10 Jahre / 4 Monate 12 Jahre / 5 Monate 15 Jahre / 6 Monate 20 Jahre / 7 Monate
Sonderschutz für Wehrdienstleistende (auch bei freiwilligem Wehrdienst) durch – Arbeitsplatzschutzgesetz				• Kündigungsschutz während des Grundwehrdienstes oder während einer Wehrübung

4.6 Die Arbeitsgerichtsbarkeit

Arbeitsrechtsstreitigkeiten, die nicht gütlich (außergerichtlich) beigelegt werden können, werden von „Gerichten für Arbeitssachen" (Arbeitsgerichte) entschieden. Die Tätigkeit der Arbeitsgerichte wird durch das Arbeitsgerichtsgesetz (ArbGG) geregelt.

Die Arbeitsgerichte sind zuständig für:

- bürgerlich-rechtliche Streitigkeiten zwischen Arbeitnehmern und Arbeitgebern aus dem Arbeitsverhältnis,
- bürgerlich-rechtliche Streitigkeiten zwischen Tarifvertragsparteien aus Tarifverträgen,
- betriebsverfassungsrechtliche Streitigkeiten (§ 2 Abs. 1 ArbGG).

> **Zuständigkeit des Arbeitsgerichts**
> **Bürgerlich-rechtliche Streitigkeiten zwischen Arbeitnehmern und Arbeitgebern:**
> Klage auf ausstehendes Arbeitsentgelt
> **Bürgerlich-rechtliche Streitigkeiten zwischen Tarifvertragsparteien:** Streit über die Auslegung einer Klausel des Tarifvertrags
> **Betriebsverfassungsrechtliche Streitigkeiten:**
> Streit über die vom Arbeitgeber zu tragenden Kosten der Arbeit des Betriebsrats (Beschaffung von Literatur)

Die Arbeitsgerichtsbarkeit wird durch **Arbeitsgerichte** und **Landesarbeitsgerichte** sowie das **Bundesarbeitsgericht** (BAG) ausgeübt (§ 8 ArbGG). Das Bundesarbeitsgericht hat seinen Sitz in Erfurt.

Das Arbeitsgericht und das Landesarbeitsgericht bestehen aus **Kammern,** die mit einem Berufsrichter als Vorsitzendem und je einem ehrenamtlichen Richter aus Kreisen der Arbeitnehmer und der Arbeitgeber besetzt sind (§§ 16 Abs. 2 und 35 Abs. 2 ArbGG). Das Bundesarbeitsgericht besteht aus **Senaten.** Jeder Senat hat einen Berufsrichter als Vorsitzenden und zwei Berufsrichter als Beisitzer. Hinzu kommen zwei ehrenamtliche Richter (Arbeitsrichter) aus den Kreisen der Arbeitgeber und der Arbeitnehmer (§ 41 Abs. 2 ArbGG).

Die **Verfahrensvorschriften** für einen Prozess vor dem Arbeitsgericht sind im ArbGG so ausgestaltet, dass der Arbeitnehmer nicht aus Kostengründen abgehalten wird, Rechtsschutz vor dem Arbeitsgericht zu suchen.

Arbeitgeber und Arbeitnehmer können vor dem Arbeitsgericht den Prozess selbst führen. In der ersten Instanz besteht kein **Vertretungszwang.** Sie können sich aber auch durch Vertreter von Gewerkschaften bzw. Verbänden oder durch Rechtsanwälte vertreten lassen (§ 11 Abs. 1 ArbGG). Vor den Landesarbeitsgerichten und vor dem Bundesarbeitsgericht müssen sich Arbeitgeber und Arbeitnehmer vertreten lassen (Vertretungszwang, § 11 Abs. 4 ArbGG). Durch die gegenüber anderen Gerichten (z. B. Zivilgericht, Strafgericht) vereinfachte Regelung für die Vertretung vor Gericht sind die Kosten eines arbeitsgerichtlichen Verfahrens niedriger.

Hinzu kommt, dass in der ersten Instanz jede Partei nur ihre eigenen **Anwaltskosten** zu tragen hat, gleichgültig, ob sie den Prozess gewinnt oder verliert (§ 12 a Abs. 1 ArbGG).

Im Arbeitsgerichtsverfahren sind die **Gerichtsgebühren** niedriger als bei anderen Gerichtsverfahren.

In erster Instanz geht der streitigen Verhandlung vor der Kammer des Arbeitsgerichts stets eine **Güteverhandlung** voraus (§ 54 ArbGG). Dieser Gütetermin vor dem Vorsitzenden dient dem Versuch, den Rechtsstreit durch Vermittlung des Richters gütlich zu beenden und einen Vergleich zu schließen. Eine gütliche Erledigung des Rechtsstreits soll darüber hinaus während des gesamten Verfahrens angestrebt werden (§ 57 ArbGG).

Berufungen nach Urteilen der Arbeitsgerichte sind nur unter bestimmten gesetzlich festgelegten Voraussetzungen möglich (§ 64 ff. ArbGG); Gleiches gilt für die **Revision** (§ 72 ff. ArbGG).

Kapitel 4

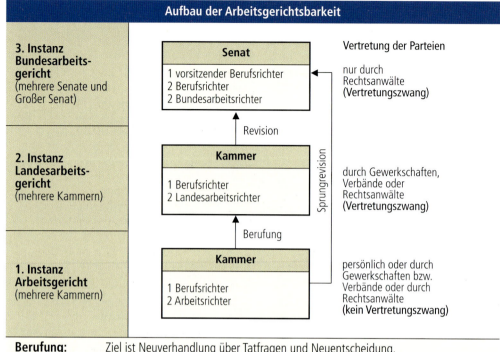

Berufung: Ziel ist Neuverhandlung über Tatfragen und Neuentscheidung.
Revision: Ziel ist Neuverhandlung über Rechtsfragen und Neuentscheidung.
Arbeitsrichter: ehrenamtliche Beisitzer aus Kreisen der Arbeitgeber und Arbeitnehmer

Aufgaben

1 Fürsorgepflicht des Arbeitgebers/Arbeitsschutz

Frau Kramer ist in einer chemischen Reinigung bei der Warenrückgabe an Kunden beschäftigt. Sie ist schwanger. Vier Wochen vor der Geburt erscheint sie nicht mehr zur Arbeit, obwohl sie sich körperlich wohl fühlt. Gegenüber dem Arbeitgeber beruft sie sich auf ihre Schwangerschaft.

Der Arbeitgeber fordert Frau Kramer auf, zur Arbeit zu erscheinen, da wegen der ernsthaften Erkrankung einer Arbeitskollegin von Frau Kramer in dem kleinen Unternehmen ein Personalengpass entstanden ist. Da sich Frau Kramer weigert, zur Arbeit zu erscheinen, kündigt ihr der Arbeitgeber fristgemäß und schriftlich. Ist die Kündigung wirksam?

2 Arbeitsschutzrecht

Geben Sie zu den folgenden Gesetzen jeweils ein Beispiel für eine arbeitsrechtlich bedeutsame Regelung:

(A) Bürgerliches Gesetzbuch

(B) Arbeitsplatzschutzgesetz

(C) Kündigungsschutzgesetz

(D) Bundeselterngeld- und Elternzeitgesetz

(E) SGB IX

(F) Mutterschutzgesetz

(G) Jugendarbeitsschutzgesetz

3 Jugendarbeitsschutz
Geben Sie die zutreffenden Aussagen über das Jugendarbeitsschutzgesetz an.
(A) Jugendliche dürfen täglich höchstens acht Stunden beschäftigt werden.
(B) Jugendliche dürfen täglich höchstens neun Stunden beschäftigt werden.
(C) Jugendliche dürfen wöchentlich höchstens 42 Stunden beschäftigt werden.
(D) Jugendliche dürfen wöchentlich höchstens 40 Stunden beschäftigt werden.
(E) An Tagen mit Berufsschulunterricht von mindestens fünf Zeitstunden dürfen Jugendliche nicht mehr beschäftigt werden.
(F) An einem Berufsschultag mit mehr als fünf Unterrichtsstunden von mindestens 45 Minuten dürfen Jugendliche nicht mehr beschäftigt werden. Dies gilt für einen Tag in der Woche.
(G) Unter das Jugendarbeitsschutzgesetz fallen Jugendliche, die noch nicht 18 Jahre alt sind.
(H) Unter das Jugendarbeitsschutzgesetz fallen Jugendliche zwischen dem 15. und 21. Lebensjahr.

4 Urlaubsanspruch Jugendlicher
Hilde Seeger ist nach ihrem Realschulabschluss bei der Software-Handelsgesellschaft GmbH als kaufmännische Auszubildende eingestellt worden. Sie hat das 17. Lebensjahr noch nicht vollendet. Im Arbeitsvertrag wurden ihr 25 Urlaubstage zugesichert. Nach achtmonatiger Beschäftigung nimmt sie 18 Tage Urlaub. Während ihres Urlaubs erkrankt sie. Ihrem Arbeitgeber legt sie ein Attest für vier Krankheitstage vor. Wie viele Tage Urlaub stehen ihr für das erste Jahr ihrer Beschäftigung noch zu?

Wiederholungsfragen

1. Was ist Gegenstand des technischen Arbeitsschutzes?
2. Welches sind die Rechtsgrundlagen für den Gesundheits- und Unfallschutz?
3. Welche Personengruppen haben einen besonderen Gesundheits- und Unfallschutz?
4. In welchem Gesetz ist der allgemeine Arbeitszeitschutz geregelt und welche Arbeitszeiten lässt er höchstens zu?
5. Welche Personengruppen haben einen besonderen Arbeitszeitschutz?
6. In welchem Gesetz ist der allgemeine Urlaubsanspruch geregelt und wie viele Mindesturlaubstage sind dort festgelegt?
7. Welchen besonderen Arbeitsschutz haben werdende und stillende Mütter?
8. Welchen besonderen Arbeitsschutz haben Jugendliche?
9. Was regelt das Bundeserziehungsgeldgesetz?
10. Für welche Fälle ist das Arbeitsgericht zuständig?
11. Welche Vorteile hat ein arbeitsgerichtliches Verfahren gegenüber einem Verfahren vor anderen Gerichten?

5 Besondere Formen des Arbeitsverhältnisses

5.1 Das Berufsausbildungsverhältnis

5.1.1 Berufsausbildungsverhältnis und Berufsausbildungsvertrag

Jugendliche unter 18 Jahren dürfen gem. § 4 Berufsbildungsgesetz (BBiG) nur in sog. **„anerkannten Ausbildungsberufen"** ausgebildet werden. Der inhaltliche Bereich für solche staatlich anerkannten Ausbildungsberufe wird durch die **Ausbildungsordnung** festgelegt (§ 5 BBiG). Das Berufsausbildungsverhältnis kommt durch einen Berufsausbildungsvertrag zustande (§ 10 BBiG).

Das Berufsausbildungsverhältnis ist auf die **Abschlussprüfung** ausgerichtet. Es ist trotz seiner erziehungs- und ausbildungsrechtlichen Gesichtspunkte ein Arbeitsverhältnis. Neben dem Sonderrecht des Berufsbildungsgesetzes findet ergänzend das allgemeine Arbeitsrecht Anwendung, soweit sich aus dem Wesen und Zweck des Berufsausbildungsverhältnisses nichts anderes ergibt. Auszubildende sind Arbeitnehmer. Ihre Arbeitsbedingungen werden i. d. R. durch Tarifverträge geregelt.

Gesetzliche Grundlage für die Berufsausbildung ist das **Berufsbildungsgesetz** (§ 3 BBiG). Daneben enthält die **Handwerksordnung** spezielle Gesetze für die Ausbildung in handwerklichen Berufen.

Der **Berufsausbildungsvertrag** wird zwischen dem Ausbildenden (Ausbildungsbetrieb) und dem Auszubildenden abgeschlossen. Zum Abschluss eines Ausbildungsvertrags durch einen Minderjährigen unter 18 Jahren bedarf es der Zustimmung des gesetzlichen Vertreters; das sind im Regelfall die Eltern.

Für den Abschluss des Berufsausbildungsvertrags gibt es **keine Formvorschrift.** Jedoch hat der Ausbildende unmittelbar nach Abschluss des Berufsausbildungsvertrags den wesentlichen Inhalt des Vertrags schriftlich niederzulegen (§ 11 BBiG). Der Berufsausbildungsvertrag ist jedoch auch dann gültig, wenn diese **Niederschrift** nicht erfolgte.

> **Mindestinhalt der Niederschrift eines Ausbildungsvertrags (§ 4 BBiG)**
> - Art, sachliche und zeitliche Gliederung sowie Ziel der Berufsausbildung,
> - Beginn und Dauer der Berufsausbildung,
> - Ausbildungsmaßnahmen außerhalb der Ausbildungsstätte,
> - Dauer der regelmäßigen täglichen Arbeitszeit,
> - Dauer der Probezeit,
> - Zahlung und Höhe der Vergütung,
> - Dauer des Urlaubs,
> - Voraussetzungen, unter denen das Ausbildungsverhältnis gekündigt werden kann,
> - ein in allgemeiner Form gehaltener Hinweis auf die Tarifverträge, Betriebs- oder Dienstvereinbarungen, die auf das Berufsausbildungsverhältnis anzuwenden sind.

In der Praxis wird der Ausbildungsvertrag regelmäßig schriftlich abgeschlossen. Dabei wird ein von der zuständigen Kammer herausgegebenes Vertragsmuster verwendet, das dem vom Bundesausschuss für die Berufsbildung herausgegebenen **Ausbildungsvertragsmuster** entspricht. Damit ist zugleich die **Niederschrift** erfolgt.

Der Ausbildende hat unmittelbar nach Abschluss des Berufsausbildungsvertrags bei der zuständigen Stelle (z. B. Industrie- und Handelskammer, Handwerkskammer) den Antrag zu stellen, den wesentlichen Inhalt des Berufsausbildungsvertrags in ein dort geführtes Verzeichnis der Berufsausbildungsverhältnisse einzutragen (§ 34 f. BBiG). Die Kammer prüft, ob der Vertrag den gesetzlichen Bestimmungen entspricht.

5.1.2 Die Ausbildungsordnung

Die Ausbildungsordnung ist die Grundlage für eine geordnete und einheitliche Berufsausbildung (§ 4 f. Abs. 2 BBiG). Sie hat mindestens festzulegen (§ 5 BBiG):
- die Bezeichnung des Ausbildungsberufs,
- die Ausbildungsdauer; sie soll nicht mehr als drei und nicht weniger als zwei Jahre betragen,
- die Fertigkeiten und Kenntnisse, die Gegenstand der Berufsausbildung sind (Ausbildungsberufsbild),
- eine Anleitung zur sachlichen und zeitlichen Gliederung der Fertigkeiten und Kenntnisse (Ausbildungsrahmenplan),
- die Prüfungsanforderungen.

5.1.3 Pflichten aus dem Ausbildungsvertrag
5.1.3.1 Pflichten des Ausbildenden

Der Ausbildende hat vor allem die Ausbildungspflicht.
- Er ist verpflichtet, dafür zu sorgen, dass dem Auszubildenden die Fertigkeiten und Kenntnisse vermittelt werden, die er zur Erreichung des Ausbildungsziels benötigt. Er hat die

Ausbildung planmäßig, zeitgemäß und sachlich so durchzuführen, dass das Ausbildungsziel in der vorgesehenen Ausbildungszeit erreicht werden kann.
- Er hat die Ausbildung selbst auszuführen oder einen Ausbilder ausdrücklich damit zu beauftragen.
- Er hat dem Auszubildenden kostenlos die Ausbildungsmittel, insbesondere Werkzeuge und Werkstoffe zur Verfügung zu stellen, die zur Berufsausbildung und zur Ablegung der Prüfungen erforderlich sind.

Der Ausbildende hat den Auszubildenden zum **Besuch der Berufsschule** und zu Prüfungen freizustellen und zum Führen von Berichtsheften anzuhalten, soweit solche im Rahmen der Berufsausbildung verlangt werden. Die Berichtshefte hat der Ausbildende durchzusehen.

Der Ausbildende hat dem Auszubildenden eine monatlich fällige **Ausbildungsvergütung** zu zahlen (§ 17 BBiG).

Bei Beendigung des Berufsausbildungsverhältnisses hat der Ausbildende ein Zeugnis auszustellen, in dem Art, Dauer und Ziel des Berufsausbildungsverhältnisses und die erworbenen Fähigkeiten und Kenntnisse anzugeben sind. Auf Verlangen ist auch auf Führung, Leistung und fachliche Fähigkeiten einzugehen.

5.1.3.2 Pflichten des Auszubildenden

Die Pflichten des Auszubildenden sind in § 13 BBiG niedergelegt. Er hat sich vor allem zu bemühen, die zum Erreichen des Ausbildungsziels erforderlichen Fertigkeiten und Kenntnisse zu erwerben. Er muss insbesondere

- die ihm im Rahmen der Berufsausbildung aufgetragenen Verrichtungen sorgfältig ausführen,
- am Berufsschulunterricht und an Prüfungen sowie an sonstigen Ausbildungsveranstaltungen außerhalb der Ausbildungsstätte teilnehmen,
- den Weisungen des Ausbildenden, des Ausbilders oder anderer im Rahmen der Berufsausbildung Weisungsberechtigter folgen,
- die für die Ausbildungsstätte geltende Ordnung beachten,
- Werkzeuge, Maschinen und sonstige Einrichtungen pfleglich behandeln,
- über Betriebs- und Geschäftsgeheimnisse Stillschweigen bewahren.

5.1.4 Beendigung des Berufsausbildungsverhältnisses

Während der **Probezeit,** die mindestens einen Monat betragen muss und höchstens vier Monate betragen darf (§ 20 BBiG), kann das Ausbildungsverhältnis von beiden Seiten fristlos gekündigt werden. Gründe müssen in der Kündigung nicht angegeben werden (§ 22 Abs. 1 BBiG).

Nach **Ablauf der Probezeit** kann das Ausbildungsverhältnis nur noch bei Vorliegen eines wichtigen Grundes fristlos gekündigt werden. Will der Auszubildende nach Ablauf der Probezeit die Ausbildung aufgeben oder den Beruf wechseln, kann er das Ausbildungsverhältnis mit einer Frist von vier Wochen kündigen (§ 22 Abs. 2 BBiG). Eine Kündigung nach der Probezeit muss schriftlich mit der Angabe der Kündigungsgründe erfolgen (§ 22 Abs. 3 BBiG).

Das **Berufsausbildungsverhältnis** endet mit Ablauf der Ausbildungszeit (§ 21 Abs. 1 BBiG). Legt der Auszubildende vorher die Abschlussprüfung ab, endet das Ausbildungsverhältnis mit Bestehen der Prüfung (§ 21 Abs. 2 BBiG). Bei Nichtbestehen muss der Ausbildende auf Antrag des Auszubildenden den Vertrag bis zur nächstmöglichen Wiederholungsprüfung, höchstens um ein Jahr verlängern (§ 21 Abs. 3 BBiG).

5.2 Das befristete Arbeitsverhältnis

Wird ein Arbeitsverhältnis befristet abgeschlossen, endet es ohne Kündigung. Dabei besteht die Gefahr, dass der Arbeitgeber mit der Befristung den Kündigungsschutz umgehen will. Deshalb hat der Gesetzgeber im Teilzeit- und Befristungsgesetz (TzBfG) festgelegt, dass befristete Arbeitsverhältnisse, ohne dass die erlaubte Dauer der Befristung gesetzlich festgelegt ist, nur zulässig sind, wenn ein **sachlicher Grund** vorliegt.

Die nebenstehende Aufzählung ist nicht erschöpfend. Weitere sachliche Gründe sind denkbar. Schließt der Arbeitgeber mit dem Arbeitnehmer nacheinander mehrere befristete Arbeitsverträge ab **(Kettenarbeitsvertrag)**, dann wird bei der Prüfung, ob der Bedarf wirklich nur befristet besteht, ein immer strengerer Maßstab angelegt.

Ohne sachlichen Grund ist eine Befristung zulässig, wenn sie **maximal zwei Jahre andauert**. Innerhalb dieser zwei Jahre ist höchstens dreimal die Verlängerung eines befristeten Arbeitsvertrags möglich. Ein befristetes Arbeitsverhältnis ohne sachlichen Grund ist nicht zulässig, wenn zuvor mit demselben Arbeitnehmer ein unbefristetes oder befristetes Arbeitsverhältnis bestanden hat, dessen Befristung sachlich begründet war. Ein Wechsel zwischen den beiden Befristungsarten ist damit nicht zulässig.

Als **sachliche Gründe für ein befristetes Arbeitsverhältnis** werden in § 14 TzBfG aufgezählt:
- Der betriebliche Bedarf an Arbeitsleistung besteht nur vorübergehend.
- Die Befristung folgt im Anschluss an eine Ausbildung oder ein Studium, um dem Arbeitnehmer den Übergang in eine Anschlussbeschäftigung zu erleichtern.
- Der Arbeitnehmer wird zur Vertretung eines anderen Arbeitnehmers beschäftigt.
- Die Eigenart der Arbeitsleistung rechtfertigt eine Befristung.
- In der Person des Arbeitnehmers liegende Gründe rechtfertigen eine Befristung.
- Der Arbeitnehmer wird aus Haushaltsmitteln vergütet, die haushaltsrechtlich für eine befristete Beschäftigung bestimmt sind.
- Die Befristung beruht auf einem gerichtlichen Vergleich.

Beispiele für zulässige befristete Arbeitsverträge ohne sachlichen Grund

- Zweijahresvertrag
- Einjahresvertrag, einmal verlängert um ein Jahr
- Sechsmonatsvertrag, dreimal verlängert um je sechs Monate

Ein befristetes Arbeitsverhältnis ohne sachlichen Grund ist **nur bei einer Neueinstellung** zulässig. Es ist also nicht erlaubt, wenn zuvor mit dem Arbeitgeber irgendwann ein befristetes oder unbefristetes Arbeitsverhältnis bestanden hat. Nach der Rechtsprechung des Bundesarbeitsgerichts steht der „sachgrundlosen" Befristung ein früheres Beschäftigungsverhältnis aber dann nicht entgegen, wenn es mehr als drei Jahre zurückliegt.

An ein befristetes Arbeitsverhältnis ohne Sachgrund kann sich aber ein befristetes Arbeitsverhältnis anschließen, für das ein Sachgrund gegeben ist (§ 14 Abs. 2 TzBfG).

In den ersten vier Jahren nach Gründung eines Unternehmens haben Gründer die Möglichkeit, befristete Arbeitsverträge ohne zusätzlichen Befristungsgrund bis zu einer Dauer von vier Jahren abzuschließen. Damit soll ihnen die Entscheidung einer Einstellung erleichtert werden.

Für einen Arbeitnehmer, der das 52. Lebensjahr vollendet hat, ist ohne Vorliegen eines sachlichen Grundes die kalendermäßige Befristung eines Arbeitsvertrags höchstens bis zur Dauer von 5 Jahren zulässig. Mit § 14 Abs. 3 TzBfG wurde eine Entscheidung des Europäischen Gerichtshofs umgesetzt, nach der in der EU niemand wegen seines Alters diskriminiert werden darf.

Ein befristetes Arbeitsverhältnis muss **schriftlich** festgehalten werden (§ 14 Abs. 4 TzBfG), andernfalls gilt ein unbefristetes Arbeitsverhältnis als abgeschlossen (§ 16 TzBfG).

Aus dem besonderen Charakter des befristeten Arbeitsverhältnisses ergibt sich, dass eine ordentliche Kündigung nicht zulässig ist (siehe dazu auch 3.3.2). Wird ein befristetes Arbeitsverhältnis nach Ablauf der Zeit oder nach Zweckerreichung mit Wissen des Arbeitgebers fortgesetzt, so gilt es als auf unbestimmte Zeit verlängert (§ 15 Abs. 5 TzBfG). Befristet eingestellte Arbeitnehmer müssen vom Arbeitgeber über freie unbefristete Arbeitsplätze informiert werden.

5.3 Das Teilzeitarbeitsverhältnis

5.3.1 Allgemeine Vorschriften

Ein Teilzeitarbeitsverhältnis liegt vor, wenn die Wochenarbeitszeit kürzer ist als die regelmäßige Wochenarbeitszeit von vergleichbar vollbeschäftigten Arbeitnehmern des Betriebs (§ 2 TzBfG). Es ist Ziel des Gesetzes, Teilzeitarbeit – auch für leitende Mitarbeiter – zu fördern (§ 1 TzBfG).

Teilzeitbeschäftigte dürfen gegenüber Vollzeitbeschäftigten **nicht unterschiedlich behandelt** werden, wenn hierfür nicht ein sachlicher Grund vorliegt. Teilzeitarbeitskräfte dürfen deshalb z. B. keinen geringeren Stundenlohn erhalten als Vollzeitkräfte und bei der Zulassung zu Ausbildungs- und Weiterbildungsmaßnahmen nicht benachteiligt werden (§ 4 TzBfG).

Ein Arbeitsplatz muss **als Teilzeitarbeitsplatz ausgeschrieben** werden, wenn er hierfür geeignet ist. Das betrifft sowohl die öffentliche als auch die betriebsinterne Ausschreibung (§ 7 TzBfG).

Ein Arbeitgeber, der in der Regel mehr als 15 Arbeitnehmer beschäftigt, muss auf Verlangen eines Mitarbeiters die **Verringerung der Arbeitszeit** ermöglichen. Er muss die Arbeitszeit nach den Wünschen des Mitarbeiters festlegen, wenn nicht betriebliche Gründe dagegen sprechen. Der Arbeitnehmer kann dies verlangen, wenn er mindestens seit sechs Monaten im Betrieb beschäftigt ist und seinen Anspruch mindestens drei Monate vor dem gewünschten Beginn der verringerten Arbeitszeit geltend gemacht hat. Eine Ablehnung des Antrags muss schriftlich erfolgen, sonst gilt die verringerte Arbeitszeit als genehmigt (§ 8 Abs. 4 und 5 TzBfG).

Der Arbeitgeber hat einen teilzeitbeschäftigten Mitarbeiter, der den Wunsch nach **Verlängerung der Arbeitszeit** angezeigt hat, bei der Besetzung eines Vollzeitarbeitsplatzes bevorzugt zu berücksichtigen (§ 9 TzBfG).

Der Arbeitgeber darf einem Arbeitnehmer nicht deshalb kündigen, weil der Arbeitnehmer sich geweigert hat, **von Vollzeit- auf Teilzeitarbeit** oder umgekehrt zu wechseln. Die Kündigung aus diesem Grunde ist unwirksam (§ 11 TzBfG).

Arbeitgeber und Arbeitnehmer können vereinbaren, dass der Arbeitnehmer seine Arbeitsleistung entsprechend dem Arbeitsanfall zu leisten hat **(Arbeit auf Abruf)**. Das Teilzeit- und Befristungsgesetz schreibt vor, dass bei Arbeit auf Abruf im Arbeitsvertrag ein bestimmtes Arbeitszeitvolumen vereinbart werden muss. Andernfalls gelten zehn Stunden wöchentlicher Arbeitszeit als vereinbart. Ist in dem Vertrag die tägliche Arbeitsdauer nicht festgelegt, muss der

Arbeitgeber den Arbeitnehmer für mindestens drei aufeinanderfolgende Stunden beschäftigen. Dem Arbeitnehmer muss seine Einsatzzeit mindestens vier Tage im Voraus mitgeteilt werden (§ 12 TzBfG).

5.3.2 Altersteilzeitarbeit

Das **Gesetz zur Förderung der Teilzeitarbeit älterer Arbeitnehmer** (Altersteilzeitgesetz) schafft für Arbeitgeber und Arbeitnehmer besondere Rahmenbedingungen für Vereinbarungen über Teilzeitarbeit für ältere Arbeitnehmer. Altersteilzeitarbeit wird von der Bundesagentur für Arbeit unter drei Voraussetzungen gefördert (§§ 2 und 3 AltersTZG):

> **Mögliche Konzepte für Altersteilzeitarbeit**
> (Voraussetzung: Altersrente wird mit dem 65. Lebensjahr gewährt. Zu berücksichtigen ist das Erreichen der Regelaltersgrenze, die bis zum Jahr 2029 stufenweise auf 67 Jahre erhöht wird.)
> **Fünf-Jahres-Modell ab 60:** Volle Arbeitszeit, anschließend 2 1/2 Jahre Freizeitblock bis zum 65. Lebensjahr, danach Rente.
> **Zehn-Jahres-Modell ab 55:** Volle Arbeitszeit vom 55. bis zum 60. Lebensjahr, danach Freizeitblock bis zum 65. Lebensjahr, danach Rente.
> **Fünf-Jahres-Modell ab 55:** 2 1/2 Jahre volle Arbeitszeit, 2 1/2 Jahre Freizeitblock, danach vorzeitige Rente mit Abschlägen (für jedes Jahr, das der Arbeitnehmer vor Erreichen der Altersrente in Ruhestand geht, 3,6 %, hier also 18 % Rentenkürzung).

- Die Arbeitszeit eines Arbeitnehmers, der das 55. Lebensjahr vollendet hat, wird halbiert. Wie die Arbeitszeit verteilt wird, bleibt Unternehmen und Arbeitnehmern überlassen.
- Der Arbeitgeber stockt das Arbeitsentgelt für den in Altersteilzeit nur zu 50 % der Vollarbeitszeit Beschäftigten auf mind. 70 % des gewöhnlich anfallenden Nettoarbeitsentgelts auf (Aufstockungsbetrag mind. 20 %).
  (Die Beiträge zur Rentenversicherung müssen auf der Grundlage von 90 % des bisherigen Arbeitsentgelts abgeführt werden.)
- Der infolge der Altersteilzeitarbeit frei gewordene Arbeitsplatz wird durch Einstellung eines Arbeitslosen oder die Übernahme eines Auszubildenden wieder besetzt.

Der vom Arbeitgeber gezahlte Aufstockungsbetrag ist steuerfrei, sodass der Arbeitnehmer tatsächlich 70 % seines Nettoarbeitsentgelts erhält. Der Arbeitgeber trägt die ihm durch die Aufstockung entstehenden Kosten selbst und erhält von der Bundesagentur für Arbeit einen Zuschuss, sobald der freigewordene Arbeitsplatz wieder besetzt ist. Die Förderfähigkeit durch die Agentur für Arbeit besteht allerdings nur noch dann, wenn die Voraussetzungen für die Altersteilzeit bereits vor dem 1. Januar 2010 vorgelegen haben (§ 16 AltersTZG). Das Altersteilzeitgesetz gibt dem Arbeitnehmer keinen Anspruch auf Altersteilzeitarbeit. Es ist dem Arbeitgeber freigestellt, ob er den Arbeitnehmer auf seinen Antrag in Teilzeitarbeit beschäftigen will oder nicht. Ein Anspruch des Arbeitnehmers auf Altersteilzeit, ebenso wie eine höhere Nettoentgeltzahlung, kann in Tarifverträgen oder Betriebsvereinbarungen vereinbart werden.

5.3.3 Arbeitsplatzteilung

Eine besondere Art der Teilzeitarbeit ist die **Arbeitsplatzteilung („Jobsharing")**. Hierbei verpflichtet sich der Arbeitnehmer, den ihm zugewiesenen Arbeitsplatz in Abstimmung mit einem anderen Arbeitnehmer, der am selben Arbeitsplatz beschäftigt ist, für die volle Arbeitszeit zu besetzen.

Ist einer dieser Arbeitnehmer an der Arbeitsleistung verhindert, besteht die Pflicht zur Vertretung für den anderen Arbeitnehmer nur,

- wenn der Arbeitsvertrag für den Fall dringender betrieblicher Gründe eine Vertretung vorsieht oder
- wenn der Arbeitnehmer im Einzelfall der Vertretung zustimmt (§ 13 TzBfG).

Es ist nicht zulässig, einem Arbeitnehmer allein deshalb zu kündigen, weil der Arbeitsplatzpartner ausgeschieden ist.

5.4 Das Leiharbeitsverhältnis

Ein **Leiharbeitsverhältnis** liegt vor, wenn ein Arbeitgeber einen Arbeitnehmer für eine begrenzte Zeit an einen anderen Arbeitgeber zur Arbeitsleistung „ausleiht" und ihn dessen Weisungsrecht unterstellt. Die Pflicht zur Entgeltzahlung hat weiterhin der „Verleiher". Seine Arbeitsleistung schuldet der Arbeitnehmer jedoch dem Arbeitgeber, auf den der Anspruch auf die Arbeitsleistung übergegangen ist.

Die gewerbsmäßige Arbeitnehmerüberlassung bedarf nach dem **Arbeitnehmerüberlassungsgesetz** (AÜG) der Erlaubnis der Bundesagentur für Arbeit. Gewerblich erfolgt die Arbeitnehmerüberlassung dann, wenn sie auf Dauer angelegt ist und der Verleiher damit einen wirtschaftlichen Vorteil erzielen will.

Die Erlaubnis der Bundesagentur für Arbeit wird auf Antrag erteilt und grundsätzlich auf ein Jahr befristet (§ 2 AÜG). Der zwischen dem Verleiher und dem Entleiher zu schließende Vertrag wird als **Arbeitnehmerüberlassungsvertrag** bezeichnet. Er bedarf der Schriftform.

Wenn der Verleiher keine Beschäftigungsmöglichkeit mehr findet, behält der Arbeitnehmer den Anspruch auf das Arbeitsentgelt. Der Arbeitgeber (Verleiher) trägt also wirtschaftlich das Risiko, dass der Arbeitnehmer nicht verliehen und damit nicht beschäftigt werden kann.

Aufgaben

1 Kündigungsmöglichkeiten beim Berufsausbildungsverhältnis
Welche Möglichkeiten sieht das Berufsbildungsgesetz für die Kündigung eines Berufsausbildungsverhältnisses vor?
Kennzeichnen Sie
richtige Aussagen mit einer 1,
falsche Aussagen mit einer 2.

(A) Das Berufsausbildungsverhältnis kann jederzeit ohne Einhaltung einer Kündigungsfrist gekündigt werden.

(B) Das Berufsausbildungsverhältnis kann während der Probezeit auch ohne wichtigen Grund und ohne Einhaltung einer Kündigungsfrist gekündigt werden.

(C) Das Berufsausbildungsverhältnis kann nach der Probezeit aus wichtigem Grund ohne Einhaltung einer Kündigungsfrist gekündigt werden.

(D) Das Berufsausbildungsverhältnis kann nach der Probezeit aus wichtigem Grund nur mit Einhaltung einer Kündigungsfrist gekündigt werden.

(E) Das Berufsausbildungsverhältnis kann nach der Probezeit ohne Einhaltung einer Kündigungsfrist gekündigt werden, wenn der Auszubildende sich für einen anderen Beruf entscheidet.

(F) Das Berufsausbildungsverhältnis kann nach der Probezeit mit Einhaltung einer Kündigungsfrist von vier Wochen gekündigt werden, wenn der Auszubildende sich für eine andere Berufstätigkeit entscheidet.

(G) Das Berufsausbildungsverhältnis kann nur schriftlich gekündigt werden.

2 Befristete Arbeitsverhältnisse

Paul Halander hat seine Ausbildung als Großhandelskaufmann bei der Elektrogroßhandlung Lux GmbH abgeschlossen. Von der Geschäftsführung wird ihm ein auf sechs Monate befristeter Arbeitsvertrag mit der Begründung angeboten, dass ein Dauerarbeitsplatz nicht zur Verfügung stehe.
a) Erlaubt das Teilzeit- und Befristungsgesetz den Abschluss dieses befristeten Arbeitsvertrags?
b) Was spricht für, was gegen ein gesetzliches Verbot befristeter Arbeitsverträge?

Wiederholungsfragen

1. In welchen Gesetzen und Verordnungen finden sich Vorschriften zum Berufsausbildungsverhältnis?
2. Wie kommt ein Berufsausbildungsverhältnis zustande?
3. Welche Pflichten hat der Ausbildende aus dem Berufsausbildungsverhältnis?
4. Welche Pflichten hat der Auszubildende aus dem Berufsausbildungsverhältnis?
5. Welche Bestimmungen enthält das Berufsbildungsgesetz für Probezeit und Kündigung des Berufsausbildungsverhältnisses?
6. Welche Bedingungen müssen erfüllt sein, damit ein befristetes Arbeitsverhältnis abgeschlossen werden darf?
7. Was ist ein „Kettenarbeitsvertrag"?
8. Wann liegt ein Teilzeitarbeitsverhältnis vor?
9. Was versteht man unter „Jobsharing"?
10. Wodurch ist ein Leiharbeitsverhältnis gekennzeichnet?
11. Welchen Zweck hat das Arbeitnehmerüberlassungsgesetz?

: **Kapitel 6**

6 Tarifvertragsrecht und Arbeitskampf

6.1 Der Tarifvertrag

6.1.1 Tarifvertragsparteien

Das Grundgesetz garantiert in Art. 9 Abs. 3 jedem Deutschen das Recht, eine Gewerkschaft oder einen Arbeitgeberverband (Koalition) zu gründen oder sich einer solchen Koalition anzuschließen. Mit der **Koalitionsfreiheit** verbunden ist das Recht dieser Koalitionen, zur Wahrung und Förderung der Arbeits- und Wirtschaftsbedingungen tätig zu werden. Dazu gehört auch die **Tarifautonomie.** Diese bezeichnet das Recht der Arbeitnehmer- und Arbeitgebervereinigungen, durch Tarifverträge die gemeinsamen Arbeitsbedingungen für die Beschäftigten ihres Bereichs innerhalb der gesetzlichen Schranken und damit ohne staatliche Einflussnahme zu vereinbaren. Zum Abschluss von Tarifverträgen berechtigt (tariffähig) sind gem. § 2 Tarifvertragsgesetz (TVG) Gewerkschaften, einzelne Arbeitgeber (Firmen-, Haus- oder Werktarifvertrag) sowie Vereinigungen von Arbeitgebern (Verbandstarifvertrag). Sie werden als **Tarifvertragsparteien,** Tarif- oder Sozialpartner bezeichnet.

Damit eine Koalition tariffähig ist, müssen vor allem folgende Bedingungen erfüllt sein: Es muss sich um einen freiwilligen Zusammenschluss von Arbeitgebern oder Arbeitnehmern handeln, die

Vereinigung muss auf Dauer angelegt sein, ihr Hauptzweck muss die Wahrung und Förderung der Arbeits- und Wirtschaftsbedingungen sein, die Vereinigung muss unabhängig vom Staat sein, innerhalb der Organisation muss demokratische Willensbildung möglich sein.

In der Bundesrepublik Deutschland ist das Gewerkschaftssystem im Wesentlichen auf die im **Deutschen Gewerkschaftsbund (DGB)** zusammengeschlossenen Gewerkschaften und den **Deutschen Beamtenbund (DBB)** konzentriert. Diese Gewerkschaften betonen ihre politische und weltanschauliche Neutralität, d. h., es sind sog. „Einheitsgewerkschaften". 1957 kam zu diesen Einheitsgewerkschaften der Christliche Gewerkschaftsbund (CGB) hinzu.

Die Gewerkschaften sind in der Bundesrepublik Deutschland regelmäßig nach dem **Industrieverbandsprinzip** organisiert. Z. B. sind in der Industriegewerkschaft Bergbau, Chemie, Energie innerhalb des DGB alle in diesem Industriezweig beschäftigten Arbeitnehmer organisiert, gleichgültig ob sie Chemiefacharbeiter, Elektriker, Kraftfahrer, Bergleute oder kaufmännische Angestellte sind. Einige Gewerkschaften sind nach dem **Berufsverbandsprinzip** organisiert. Bei der Vereinigten Dienstleistungsgewerkschaft Ver.di, die aus dem Zusammenschluss mehrerer Einzelgewerkschaften und der Deutschen Angestellten-Gewerkschaft (DAG) hervorgegangen ist, können alle Beschäftigten in Dienstleistungsbetrieben, z. B. des Einzelhandels, des Kreditgewerbes, des öffentlichen Dienstes, Mitglied werden.

Auch die **Arbeitgeberverbände** sind regelmäßig nach dem **Industrieverbandsprinzip** organisiert. Sie sind gegliedert in regionale Fachverbände, Landesverbände und Spitzenfachverbände auf Bundesebene (z. B. Gesamtverband der metallindustriellen Arbeitgeberverbände e. V.).

Aufgrund ausdrücklicher gesetzlicher Regelungen sind auch die **Handwerksinnungen und Innungsverbände** (§§ 54 Abs. 3 und 82 Handwerksordnung) tariffähig. Handwerkskammern und Industrie- und Handelskammern, für die eine gesetzliche Mitgliedspflicht besteht, können nicht Tarifvertragsparteien sein.

Beim Abschluss eines Tarifvertrags steht nicht ein einzelner Arbeitnehmer, sondern eine Vereinigung von Arbeitnehmern dem Arbeitgeber gegenüber. Weil annähernd gleich starke Vertragsparteien den Tarifvertrag abschließen, werden einseitige Ergebnisse zum Nachteil des schwächeren Arbeitnehmers vermieden.

6.1.2 Abschluss und Inhalt des Tarifvertrags

Der Tarifvertrag ist ein privatrechtlicher Vertrag zwischen Tarifvertragsparteien. Rechtsgrundlage für Tarifverträge ist das **Tarifvertragsgesetz** (TVG).

Tarifverträge müssen schriftlich abgeschlossen und in ein **Tarifregister** eingetragen werden (§§ 1 und 6 TVG), das vom Bundesministerium für Arbeit und Soziales geführt wird. In das Tarifregister werden Abschluss, Änderung und Aufhebung von Tarifverträgen sowie Beginn und Beendigung der Allgemeinverbindlichkeit eingetragen (§ 6 TVG).

Der Tarifvertrag besteht aus zwei Teilen, dem schuldrechtlichen (obligatorischen) und dem normativen Teil.

Der **schuldrechtliche (obligatorische) Teil** enthält die gegenseitigen Rechte und Pflichten, die sich für die Tarifvertragsparteien (Arbeitgeberverbände – Gewerkschaften) ergeben. Diese Verpflichtungen binden nur die Tarifpartner, nicht die einzelnen Arbeitgeber und Arbeitnehmer. Die wichtigsten Pflichten aus dem obligatorischen Teil des Tarifvertrags sind die Friedenspflicht und die Durchführungspflicht.

> **Durchführungspflicht**
> Die Maschinenfabrik Willmann GmbH & Co. KG ist Mitglied des Arbeitgeberverbandes, der einen Tarifvertrag abgeschlossen hat. Der Arbeitgeber kümmert sich nicht um den Tarifvertrag und zahlt untertarifliche Löhne an die Gewerkschaftsmitglieder. Diese wehren sich nicht, um ihren Arbeitsplatz nicht zu verlieren.
> Der Arbeitgeberverband muss mit allen Mitteln, die ihm die Verbandssatzung erlaubt, auf den Arbeitgeber einwirken, damit dieser sich tarifmäßig verhält.

Die **Friedenspflicht** verbietet, dass die Tarifpartner während der Laufzeit des Tarifvertrags Kampfmaßnahmen über Regelungen des gültigen Tarifvertrags ergreifen.

Die **Durchführungspflicht** verlangt von den Tarifvertragsparteien, auf ihre Mitglieder einzuwirken, dass diese sich tarifvertragsmäßig verhalten.

Im **normativen Teil** des Tarifvertrags wird der Inhalt der tarifgebundenen Arbeitsverhältnisse geregelt. Diese Rechtsnormen gelten unmittelbar für die Mitglieder der Arbeitgeberverbände und der Gewerkschaften, d. h., sie bestimmen den Inhalt der Arbeitsverhältnisse. Vereinbarungen im Arbeitsvertrag, die ungünstiger sind als die Normen des Tarifvertrags, sind daher unwirksam. Die Tarifvertragsnormen stellen Mindestbedingungen für Arbeitsverträge dar. Günstigere Regelungen sind im Arbeitsvertrag möglich (**Günstigkeitsprinzip**).

Der **normative Teil** des Tarifvertrags kann enthalten:
- Normen für den Inhalt des Arbeitsverhältnisses (z. B. Vergütung, Arbeitszeit, Urlaub, Kündigungsfristen). Diese Inhaltsnormen regeln Rechte und Pflichten der Arbeitsvertragsparteien (Arbeitgeber – Arbeitnehmer). Sie sind sowohl in Manteltarifverträgen als auch in Lohn- und Gehaltstarifverträgen enthalten.
- Normen für den Abschluss von Arbeitsverträgen, z. B. Abschlussgebot (Wiedereinstellungspflicht nach Arbeitskämpfen),
- Normen für die Beendigung des Arbeitsverhältnisses (z. B. Ende des Arbeitsverhältnisses bei Erreichen eines bestimmten Alters, Schriftform für die Kündigung),
- Normen zur Regelung von betrieblichen Fragen (z. B. Arbeitsschutz, Absicherung von Arbeitsplatz und Einkommen bei Rationalisierungsmaßnahmen) und betriebsverfassungsrechtlichen Fragen.

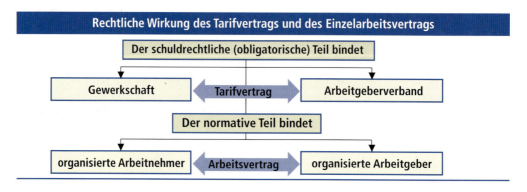

Die allgemeinen, auf längere Zeit gültigen Arbeitsbedingungen, wie z. B. regelmäßige Arbeitszeit, Teilarbeitszeit, Urlaub, Eingruppierung in Tarifgruppen, werden in **Manteltarifverträgen** mit meist längerer Laufzeit geregelt. Die Lohn- und Gehaltssätze in den einzelnen Tarifgruppen werden in **Lohn- bzw. Gehaltstarifverträgen mit kürzerer Laufzeit vereinbart.**

6.1.3 Tarifgebundenheit

Schließen eine Gewerkschaft und ein Arbeitgeberverband einen Tarifvertrag ab, dann sind die Mitglieder der Tarifvertragsparteien tarifgebunden (§ 3 TVG). Die Normen des Tarifvertrags gelten dann unmittelbar für das Arbeitsverhältnis zwischen den tarifgebundenen Arbeitnehmern und den tarifgebundenen Arbeitgebern.

> **Weihnachtsgeld laut Tarifvertrag**
> Erika Köhnlein ist als Sachbearbeiterin in einer Speditionsgesellschaft beschäftigt. In ihrem Arbeitsvertrag ist kein Weihnachtsgeld vereinbart. Später wird ein Tarifvertrag abgeschlossen, der die Zahlung von Weihnachtsgeld vorsieht. Frau Köhnlein ist Mitglied der Gewerkschaft, ihr Arbeitgeber Mitglied des Arbeitgeberverbandes. Frau Köhnlein hat Anspruch auf Weihnachtsgeld.

Das Tarifvertragsgesetz sieht die Möglichkeit vor, Tarifverträge für allgemein verbindlich zu erklären (§ 5 Abs. 1 TVG). Mit der **Allgemeinverbindlichkeitserklärung** erfassen die Rechtsnormen des Tarifvertrags in seinem Geltungsbereich auch die bisher nicht tarifgebundenen Arbeitgeber und Arbeitnehmer (§ 5 Abs. 4 TVG). Die Allgemeinverbindlichkeitserklärung erfolgt durch das Bundesministerium für Arbeit und Soziales.

Aufgrund des **Arbeitnehmer-Entsendegesetzes** gilt der Mindesttariflohn des Baugewerbes auch für solche Arbeitnehmer, die von einer ausländischen Baufirma auf eine deutsche Baustelle entsandt werden. Dadurch soll die deutsche Bauwirtschaft vor der „Billiglohn-Konkurrenz" des Auslands geschützt werden. Weitere Branchen, für die dieses Prinzip gilt, führt § 4 des Gesetzes auf, so z. B. die Gebäudereinigung und die Briefdienstleistung. Das Gesetz bietet auch die Möglichkeit, für alle in einer Branche tätigen Arbeitnehmer **Mindestlöhne** festzulegen.

6.2 Die Betriebsvereinbarung

Die Betriebsvereinbarung ist ein Vertrag zwischen Arbeitgeber und Betriebsrat, der wie Tarifverträge gegenseitige Pflichten für Arbeitgeber und Arbeitnehmer schaffen kann. Betriebsvereinbarungen können auch über Angelegenheiten getroffen werden, die nach § 87 BetrVG der Mitbestimmung des Betriebsrats unterliegen (siehe 7.4.4).

Durch Betriebsvereinbarung können insbesondere geregelt werden (§ 88 BetrVG):
- zusätzliche Maßnahmen zur Verhütung von Arbeitsunfällen und Gesundheitsschädigungen,
- die Errichtung von Sozialeinrichtungen, deren Wirkungsbereich auf den Betrieb, das Unternehmen oder den Konzern beschränkt ist,
- Maßnahmen zur Förderung der Vermögensbildung.

Arbeitsentgelte und sonstige Arbeitsbedingungen, die durch Tarifvertrag geregelt sind oder üblicherweise geregelt werden, können nicht Gegenstand einer Betriebsvereinbarung sein. Diese Regelungen sind den Tarifpartnern vorbehalten (§ 77 Abs. 3 BetrVG, **Primat der Tarifvertragspartner**).

Kapitel 6

Tarifverträge: (Beispiel: private und öffentliche Banken, Bausparkassen, Volks- und Raiffeisenbanken)

Manteltarifvertrag

enthält Regelungen über
- **Arbeitszeit** (regelmäßige Arbeitszeit, Mehrarbeit usw.),
- **Arbeitsentgelt** (Tarifgruppen, Eingruppierung in die Tarifgruppe usw.),
- **Sozialzulagen** (Kinderzulagen),
- **Urlaub** (Erholungsurlaub, Arbeitsbefreiung),
- **Kündigung und Entlassung.**

Beispiele zu den Regelungen der Arbeitszeit (Auszüge aus dem Manteltarifvertrag):

1. Die regelmäßige wöchentliche Arbeitszeit (ohne Pausen gerechnet) beträgt 39 Stunden.
2. Mehrarbeit ist, soweit wie irgend möglich, zu vermeiden. Sie ist nur ausnahmsweise und im Rahmen der gesetzlichen Vorschriften und der Bestimmungen dieses Tarifvertrages zulässig.
3. Mehrarbeit ist die über die regelmäßige Arbeitszeit bzw. bei ungleichmäßiger Verteilung die über die festgelegten Einsatzzeiten hinaus angeordnete und geleistete Arbeit, soweit sie nicht entweder in der vorhergehenden oder in den darauffolgenden 4 Wochen durch entsprechende Freizeitgewährung ausgeglichen wird.
4. Die Arbeitszeit kann im Bedarfsfalle durch Mehrarbeit ausnahmsweise bis zu 10 Stunden am Tage und 53 Stunden in der Woche ausgedehnt werden.

Beispiele zu den Regelungen des Arbeitsentgelts:

Für die Feststellung der tariflichen Mindestgehälter gelten folgende Tarifgruppen:

Tarifgruppe 1:
Tätigkeiten, die Vorkenntnisse nicht erfordern, z. B.:
- Küchenhilfen
- Reinigungspersonal

Tarifgruppe 2:
Tätigkeiten, die Kenntnisse oder Fertigkeiten erfordern, wie sie in der Regel durch eine kurze Einarbeitung erworben werden, z. B.:
- Arbeitnehmer mit einfacher Tätigkeit im Zahlungs-, Überweisungs- und Abrechnungsverkehr, in der Belegaufbereitung, in Registraturen, Expeditionen und Materialverwaltungen
- in Fachabteilungen (Sortierarbeiten)
- im Kantinenbereich (z. B. Anrichten)
- Boten
- Pförtner
- Wächter

Tarifgruppe 5:
Tätigkeiten, die gründliche oder vielseitige Kenntnisse erfordern, wie sie in der Regel auf dem in Gruppe 4 angegebenen Wege – ergänzt durch weitere Berufserfahrung, Berufsfortbildung oder die Aneignung zusätzlicher Kenntnisse im jeweiligen Sachgebiet – erworben werden, z. B.:
- Kontoführer/Disponenten mit schwierigen Arbeiten und beratender Tätigkeit
- Schalterangestellte mit beratender Tätigkeit
- Kassierer
- Sachbearbeiter mit erhöhten Anforderungen in der Belegaufbereitung, im Zahlungs-, Überweisungs- und Abrechnungsverkehr sowie in der Datenerfassung
- Sachbearbeiter mit einfacheren Tätigkeiten in Kredit-, Wertpapier-, Auslands- und Stabsabteilungen
- Sachbearbeiter mit einfachen Tätigkeiten in der EDV-Arbeitsvorbereitung
- Arbeitnehmer in der EDV-Nachbereitung mit erhöhten Anforderungen (z. B. Abstimmungstätigkeiten)
- Peripherie-Operators
- Datenarchivare
- Stenotypisten mit erhöhten Anforderungen
- Fremdsprachen-Stenotypisten
- Fernschreiber mit besonderen Anforderungen
- Sekretäre
- Leiter von Registraturen, Expeditionen und Materialverwaltungen
- Handwerker/Facharbeiter mit hochwertigen Arbeiten
- Leiter gewerblicher Arbeitsgruppen (auch Hausmeister)
- Botenmeister
- Köche

Gehaltstarifvertrag

legt **Gehälter in den einzelnen Tarifgruppen** fest
Auszug aus dem Gehaltstarifvertrag, in EUR (gültig ab 1. Januar 2011):

Berufsjahr	TG 1	TG 2	TG 3	TG 4	TG 5	TG 6	TG 7	TG 8	TG 9
im 1.–2.	1 929	1 998	2 098	2 189	2 277	–	–	–	–
im 3.–4.	2 038	2 123	2 203	2 299	2 400	2 530	–	–	–
im 5.–6.	2 144	2 243	2 303	2 408	2 524	2 683	2 866	–	–
im 7.–8.	2 277	2 388	2 405	2 518	2 651	2 838	3 057	3 305	–
im 9.			2 534	2 628	2 773	2 999	3 244	3 517	3 788
im 10.				2 738	2 898	3 159	3 435	3 729	4 025
im 11.					3 030	3 319	3 624	3 944	4 261

Vergütungen für Auszubildende:

im 1. Ausbildungsjahr	781,00 EUR
im 2. Ausbildungsjahr	843,00 EUR
im 3. Ausbildungsjahr	905,00 EUR

6.3 Der Arbeitskampf

6.3.1 Der Arbeitskampf in einer freiheitlichen, demokratischen Grundordnung

6.3.1.1 Arbeitskampf als wirtschaftliches Druckmittel

Arbeitskämpfe sind Auseinandersetzungen, die von Arbeitgebern oder Arbeitgeberverbänden auf der einen Seite und Arbeitnehmern oder Arbeitnehmerverbänden auf der anderen Seite um Arbeitsentgelt oder sonstige Arbeitsbedingungen geführt werden. **Kampfmittel** sind vor allen Dingen Streik und Aussperrung.

Im Arbeitskampf versuchen beide Seiten, durch wirtschaftlichen Druck die Gegenseite zum Einlenken zu bewegen und so die eigene Position durchzusetzen.

Der Streik verursacht Produktionsausfälle bei dem Arbeitgeber und fügt ihm so Verluste zu. Auf die Gewerkschaft entsteht wirtschaftlicher Druck dadurch, dass sie die Lohnausfälle ihrer Mitglieder zu tragen hat, die durch den Streik entstehen. Die Gewerkschaften versuchen deshalb, durch den Streik möglichst weniger Arbeitnehmer den größtmöglichen Druck auf die Arbeitgeber auszuüben.

Die Arbeitgeber ihrerseits haben die Möglichkeit, diese Aufwendungen der Gewerkschaften zu erhöhen, indem sie weitere Arbeitnehmer, die bisher nicht im Streik sind, von der Arbeit aussperren. Das hat zur Folge, dass auch diese Arbeitnehmer ihren Anspruch auf Arbeitsentgelt verlieren.

6.3.1.2 Grundsätze rechtmäßiger Kampfführung

Das Arbeitskampfrecht ergibt sich aus dem im Grundgesetz verankerten Koalitionsrecht. Das Bundesarbeitsgericht hat in einer Entscheidung (1955) ausdrücklich festgestellt, dass Arbeitskämpfe in der freiheitlichen, sozialen Grundordnung der Bundesrepublik Deutschland zugelassen sind.

Das Recht auf Streik ist im Einzelnen rechtlich kaum geregelt. Das Arbeitskampfrecht beruht deshalb fast ausschließlich auf Richterrecht. Für die Rechtmäßigkeit eines Arbeitskampfes gelten folgende Grundsätze:

- Ein Arbeitskampf darf nur von Tarifvertragsparteien geführt werden.
- Das Ziel des Arbeitskampfes muss ein tariflich regelbares Ziel sein.
- Der Arbeitskampf darf nicht gegen die Friedenspflicht verstoßen.
- Zwischen den Tarifparteien soll ein hinreichendes Verhandlungs- und Kampfgleichgewicht bestehen (Kampfparität).
- Im Arbeitskampf muss die Verhältnismäßigkeit der Mittel gewahrt bleiben. Vor einem Arbeitskampf müssen alle Verhandlungsmöglichkeiten ausgeschöpft sein (Ultima-Ratio-Prinzip). Ist ein Schlichtungsverfahren vorgesehen, dann muss dieses vorher durchgeführt sein.

6.3.2 Der Streik

Der **Streik** ist eine gemeinsame und planmäßig durchgeführte Arbeitsniederlegung durch mehrere Arbeitnehmer. Sie geschieht in der Absicht, nach erfolgreicher Durchsetzung bestimmter Forderungen (z. B. nach höheren Löhnen, nach besseren Arbeitsbedingungen) in Form des Abschlusses eines Tarifvertrags die Arbeit wieder aufzunehmen.

Der einzelne Arbeitnehmer kann nicht streiken. Seine Arbeitsniederlegung wäre Arbeitsverweigerung. Ein Streik ist nur rechtmäßig, wenn er von der Gewerkschaft getragen wird. Ein **rechtmäßiger Streik** bewirkt, dass die Hauptpflichten der Vertragsparteien aus dem Arbeitsvertrag nur ruhen, das Arbeitsverhältnis damit aber nicht beendet wird. Daraus ergibt sich, dass der Arbeitgeber während der Dauer des Streiks zur Zahlung des Arbeitsentgelts an die streikenden Arbeitnehmer nicht verpflichtet ist. Auch den arbeitswilligen Arbeitnehmern seines Betriebs, die er wegen des Streiks nicht sinnvoll beschäftigen kann, ist er zur Lohnzahlung nicht verpflichtet.

Der Streik kann Wirkungen nicht nur in dem unmittelbar bestreikten Betrieb, sondern auch **Fernwirkungen** in einem anderen Betrieb hervorrufen. Beispiel: Wegen des Streiks bei einem Kfz-Zulieferer muss auch ein Autohersteller die Produktion einstellen. Die Rechtsprechung hat entschieden, dass in diesem Fall die Arbeitnehmer ihren Anspruch auf Arbeitsentgelt ebenfalls verlieren, wenn durch die Lohnzahlung in dem mittelbar betroffenen Betrieb die Kampfstellung der bestreikten Arbeitgeber erheblich geschwächt würde. Dies ist z. B. der Fall, wenn der Betrieb, bei dem die Fernwirkungen eintreten, dem gleichen Arbeitgeberverband angehört.

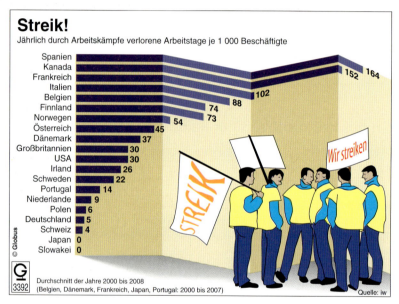

Ein Streik, der nicht von der Gewerkschaft getragen wird, ist ein **„wilder Streik"**. Durch die Teilnahme an einem wilden Streik können sich Arbeitnehmer schadenersatzpflichtig machen. Die Teilnahme an einem wilden Streik stellt darüber hinaus eine Arbeitsverweigerung dar, die den Arbeitgeber nach einer Abmahnung zur Kündigung des Arbeitsverhältnisses berechtigen kann.

Der Streik muss ein Ziel haben, das tarifvertraglich geregelt werden kann. Deshalb ist auch ein **politischer Streik** nicht erlaubt, da durch ihn nicht Druck auf den Arbeitgeber, sondern auf Regierung und Parlament ausgeübt werden soll.

Mit einem **Sympathiestreik** sollen Arbeitgeber bestreikt werden, die an dem Arbeitskampf gar nicht beteiligt sind. Dazu hat das Bundesarbeitsgericht entschieden, dass ein solcher Streik dann unzulässig ist, wenn er zur Unterstützung des „Hauptarbeitskampfes" offensichtlich ungeeignet, offensichtlich nicht erforderlich oder unangemessen ist.

Unter **Warnstreik** versteht man kurzfristige Arbeitsniederlegungen, mit denen nach einem einheitlichen Plan immer wieder wechselseitig Betriebe bestreikt werden sollen. Sie werden von der Gewerkschaft im Rahmen einer Strategie der „neuen Beweglichkeit" nach Ablauf der Friedenspflicht durchgeführt, um Druck auf die laufenden Tarifverhandlungen auszuüben. Warnstreiks sind nach einem Urteil des Bundesarbeitsgerichts erlaubt.

6.3.3 Die Aussperrung

Die **Aussperrung** ist das Kampfmittel der Arbeitgeber. Eine Aussperrung ist die Nichtzulassung von Arbeitnehmern zur Arbeit bei gleichzeitiger Verweigerung der Lohn- und Gehaltszahlung. Da streikende Arbeitnehmer ohnehin keinen Anspruch auf Lohn- und Gehaltszahlung haben, entfaltet die Aussperrung vor allem dann Wirkung, wenn solche Arbeitnehmer ausgesperrt werden, die bisher noch nicht im Streik waren. Reagiert der Arbeitgeber auf einen Streik mit Aussperrung, dann wird diese Aussperrung als **„Abwehraussperrung"** bezeichnet. Die Aussperrung ist nach der Rechtsprechung zulässig; die Gewerkschaften fordern jedoch ein Verbot der Aussperrung. Sie begründen dies damit, dass nur bei einem **Verbot der Aussperrung** die Kampfparität gewährleistet sei. Die Arbeitgeber hätten im Arbeitskampf von vornherein die stärkere Position.

Abwehraussperrungen sind nach der Rechtsprechung des Bundesarbeitsgerichts grundsätzlich gerechtfertigt, um bei Verhandlungen ein Ungleichgewicht zugunsten der Gewerkschaften zu verhindern. Im Einzelnen hat die Rechtsprechung dazu folgende Grundsätze entwickelt:

- Ein generelles Aussperrungsverbot ist mit den tragenden Grundsätzen des Tarifrechts unvereinbar und deshalb unzulässig.
- Der zulässige Umfang von Abwehraussperrungen richtet sich nach dem Grundsatz der Verhältnismäßigkeit (**Übermaßverbot**). Maßgebend ist der Umfang des Angriffsstreiks. Ist der Streik auf weniger als 25 % der Arbeitnehmer des Tarifgebiets beschränkt, so erscheint eine Abwehraussperrung nicht unverhältnismäßig, wenn sie ihrerseits 25 % der Arbeitnehmer des Tarifgebiets erfasst. Der Beschluss eines Arbeitgeberverbandes, begrenzte Teilstreiks mit einer unbefristeten Aussperrung aller Arbeitnehmer eines Tarifgebiets zu beantworten, ist im Allgemeinen unverhältnismäßig. Aussperrungsmaßnahmen, die einen unverhältnismäßigen Aussperrungsbeschluss befolgen, sind rechtswidrig.
- Eine Aussperrung, die gezielt nur die Mitglieder einer streikenden Gewerkschaft erfasst, nicht organisierte Arbeitnehmer jedoch verschont, ist unzulässig.

6.3.4 Das Schlichtungsverfahren

Das **Schlichtungsverfahren** dient der Vermeidung oder der Beendigung eines Arbeitskampfes. Es hat das Ziel, zum Abschluss eines Tarifvertrags beizutragen und so den Arbeitsfrieden zu erhalten oder wiederherzustellen.

In der Bundesrepublik Deutschland gibt es

- die vereinbarte Schlichtung und
- die staatliche Schlichtung.

Die **vereinbarte Schlichtung** beruht auf Abkommen zwischen den Tarifvertragsparteien. Schlichtungsvereinbarungen können in Tarifverträgen enthalten oder in Abkommen geregelt sein, so z. B. in der Schlichtungs- und Schiedsvereinbarung in der Metallindustrie.

Schlichtungsstellen sind in der Regel mit Beisitzern der streitenden Tarifvertragsparteien und einem unparteiischen Vorsitzenden besetzt.

Am Ende des Schlichtungsverfahrens kann ein Einigungsvorschlag stehen. Er kann von den Tarifvertragsparteien angenommen oder abgelehnt werden. Kommt es zu keinem Einigungsvorschlag oder wird der Vorschlag nicht von beiden Tarifvertragsparteien angenommen, ist die Schlichtung gescheitert. Die Friedenspflicht besteht dann nicht mehr.

Grundlage der **staatlichen Schlichtung** ist ein Kontrollratsgesetz aus dem Jahre 1946. Die staatliche Schlichtung tritt in der Bundesrepublik Deutschland deutlich hinter der vereinbarten Schlichtung zurück. Das entspricht dem Prinzip der Tarifautonomie. Der Schiedsspruch im staatlichen Schlichtungsverfahren ist nur verbindlich, wenn die streitenden Tarifvertragsparteien ihn annehmen. Es gibt keine staatliche Zwangsschlichtung.

6.3.5 Der Ablauf des Arbeitskampfes

Arbeitskämpfe beginnen regelmäßig mit Streiks, weil bei guter Wirtschaftsentwicklung zunächst die Unternehmereinkommen steigen und die Arbeitnehmereinkommen nachhinken. Streik ist dann der „Angriff" der Arbeitnehmer mit dem Ziel, höhere Löhne oder bessere Arbeitsbedingungen durchzusetzen. Auf diesen Angriff können die Arbeitgeber mit einer Aussperrung **(Abwehraussperrung)** antworten.

Beispiel für den möglichen Ablauf einer Tarifauseinandersetzung mit Arbeitskampf

Forderung der IG Bergbau, Chemie, Energie:		Angebot des Arbeitgeberverbandes der chemischen Industrie:	
Lohnerhöhung um	5 %	Lohnerhöhung um	1 %
Begründung:		Begründung:	
Erwarteter Produktivitätsfortschritt	1 %	Erwarteter Produktivitätsfortschritt	0 %
Erwartete Inflationsrate	3 %	Erwartete Inflationsrate	1,5 %
Umverteilungsforderung	1 %		1,5 %
	5 %	– bereits gezahlte Lohndrift	0,5 %
			1 %
Umverteilungsforderung ist die Forderung nach einer höheren Lohnquote. In manchen Tarifauseinandersetzungen fordern die Gewerkschaften absolute Lohnsteigerungen (z. B. 50,00 EUR Mehreinkommen für jede Tarifgruppe) und neben diesem Sockelbetrag eine prozentuale Einkommensverbesserung.		**Lohndrift** ist der Unterschied zwischen dem tarifvertraglich festgelegten Mindestlohn und dem Effektivlohn, d. h. dem tatsächlich gezahlten übertariflichen Lohn.	

Kündigung des Tarifvertrags zum 31.01. . . .	Im Tarifvertrag ist festgelegt, zu welchem Zeitpunkt und mit welcher Frist der Vertrag von beiden Seiten gekündigt werden kann.
Tarifverhandlungen: Forderung: 5 % Angebot: 1 % Keine Einigung	Die Gewerkschaft unterbreitet ihre Forderung, der Arbeitgeberverband unterbreitet sein Angebot. Daraus ergeben sich Verhandlungen über einen Kompromiss.
Verhandlungen werden für gescheitert erklärt.	Beide Seiten haben das Recht, die Verhandlungen für gescheitert zu erklären.
Schlichtungsverfahren durch neutralen Schlichter Schlichtungsvorschlag: 2 %	Schlichtung erfolgt im Beispiel aufgrund einer zwischen den Tarifparteien bestehenden Schlichtungsvereinbarung.

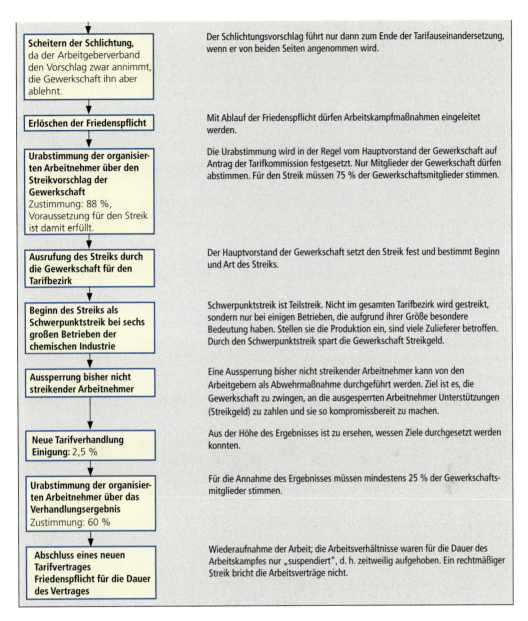

6.3.6 Auswirkungen von Arbeitskämpfen

Der **Streik** kann in seiner unmittelbaren Wirkung zu wirtschaftlichen Nachteilen führen.

Die Arbeitnehmer haben Einkommenseinbußen hinzunehmen. Während eines Streiks bleibt zwar der Arbeitsvertrag bestehen, die Entgeltzahlungspflicht des Arbeitgebers ist aber für die Dauer des Streiks aufgehoben. Dies gilt in der Regel auch für Aussperrungen.

Sind die Arbeitnehmer Mitglieder der Gewerkschaft, die den Arbeitskampf führt, erhalten sie von der Gewerkschaft **Streikunterstützung**. Diese richtet sich nach den geleisteten Beiträgen, Mitgliedszeit und Familienstand. Nichtorganisierte Arbeitnehmer erhalten im Fall der Bedürftigkeit Sozialhilfe (siehe 8.9).

Zur Frage, ob Arbeitnehmer, die von einem Arbeitskampf betroffen sind, Anspruch auf Arbeitslosengeld bzw. Kurzarbeitergeld haben, siehe 6.3.7 „Die Neutralität der Bundesagentur für Arbeit".

In den **Unternehmungen** kommt es infolge des Streiks zu Produktionsausfällen und damit auch zu Umsatzeinbußen. Da die fixen Kosten weiter anfallen und eventuell sogar Vertragsstrafen bei Nichterfüllung von Lieferverträgen zu zahlen sind, müssen die Arbeitgeber mit Gewinneinbußen rechnen.

Für den **Staat** können Arbeitskämpfe zu einem Rückgang der Steuereinnahmen führen (z. B. Umsatzsteuer, Einkommensteuer).

6.3.7 Die Neutralität der Bundesagentur für Arbeit

Nach § 146 Abs. 1 Satz 1 SGB III (Arbeitsförderung) darf durch die Gewährung von Arbeitslosengeld nicht in Arbeitskämpfe eingegriffen werden.

Ein Arbeitnehmer, der sich **unmittelbar an einem Streik beteiligt,** hat bis zur Beendigung des Streiks **keinen Anspruch auf Arbeitslosengeld** (§ 146 Abs. 2 SGB III). Das gilt auch für ausgesperrte Arbeitnehmer. Die Bundesagentur für Arbeit darf in diesen Fällen kein Arbeitslosengeld zahlen, da sie zur Neutralität verpflichtet ist. Dadurch soll verhindert werden, dass die Kampfparität durch Gewährung von Lohnersatzleistungen verändert wird.

Wenn der Arbeitnehmer nur **mittelbar von einem Arbeitskampf betroffen** ist, gilt die Regelung des § 146 SGB III. Mittelbar von einem Arbeitskampf betroffen sind Arbeitnehmer eines Betriebs, der weder bestreikt wird noch selbst ausgesperrt, aber wegen eines Arbeitskampfes seine Tätigkeit einstellen muss. Die Produktion muss z. B. eingestellt werden, weil Zulieferungen von Betrieben ausbleiben, die von einem Arbeitskampf betroffen sind.

Ist ein vom Streik mittelbar betroffener Arbeitnehmer **innerhalb des räumlichen und fachlichen Geltungsbereichs** des umkämpften Tarifvertrags beschäftigt, dann hat er keinen Anspruch auf Arbeitslosengeld.

Selbst wenn der Arbeitnehmer **außerhalb des räumlichen Geltungsbereichs** des umkämpften Tarifvertrags beschäftigt ist, kann ihm von der Bundesagentur für Arbeit die Gewährung von Leistungen versagt werden. Dies ist dann der Fall, wenn der Arbeitnehmer im fachlichen Geltungsbereich des umkämpften Tarifvertrags beschäftigt ist und die erstrittenen wesentlichen Regelungen aller Voraussicht nach in den für seinen Raum gültigen Tarifvertrag übernommen werden sollen (§ 146 Abs. 3 Nr. 2 SGB III).

> **Leistungen der Bundesagentur für Arbeit an Arbeitnehmer, die als Streikfolge kein Arbeitsentgelt erhalten**
> Im Bereich Nord-Württemberg der Metallindustrie wird gestreikt. Eine große Automobilfabrik muss die Produktion einstellen. Sie kann auch keine Zulieferungen mehr annehmen.
> Folgende Zulieferbetriebe müssen deshalb die Produktion ebenfalls einstellen:
> **Betrieb A**, der Radkappen an die Automobilfabrik liefert und ebenfalls zum Fachbereich der Metallindustrie gehört, hat seinen Standort im Tarifbezirk Nord-Württemberg.
> Die Arbeitnehmer des Betriebs A erhalten keine Leistungen der Bundesagentur für Arbeit.
> **Betrieb B**, der Gummiabdichtungen für Autotüren und Autofenster herstellt, gehört nicht zum Fachbereich der Metallindustrie. Er hat seinen Standort ebenfalls in Nord-Württemberg. Die Arbeitnehmer des Betriebs B erhalten Leistungen der Bundesagentur für Arbeit.
> **Betrieb C** hat seinen Standort in Nordrhein-Westfalen und liefert Standheizungen für Autos. Der Betrieb gehört zum Fachbereich der Metallindustrie. Die in Nord-Württemberg erkämpften Löhne und Arbeitsbedingungen sollen im Wesentlichen in den Tarifvertrag der Metallindustrie für Nordrhein-Westfalen übernommen werden.
> Die Arbeitnehmer des Betriebs C erhalten keine Leistungen der Bundesagentur für Arbeit.

Der Arbeitskampf wird dann „stellvertretend" auch für die mittelbar betroffenen Arbeitnehmer geführt.

Ein Arbeitnehmer, der gem. § 146 SGB III kein Arbeitslosengeld erhält, hat auch keinen Anspruch auf Kurzarbeitergeld. Bei Bedürftigkeit kann der Arbeitnehmer Sozialhilfe beanspruchen (siehe 8.9).

Aufgaben

1 Tarifvertragsfähigkeit

Entscheiden Sie für die folgenden Fälle, ob Tarifvertragsfähigkeit gegeben ist!
- ☐1☐ Tarifvertragsfähigkeit liegt vor,
- ☐2☐ Tarifvertragsfähigkeit liegt nicht vor.
- (A) IG Metall bei einem Werkstarifvertrag
- (B) Volkswagenwerk bei einem Tarifvertrag der Automobilindustrie
- (C) Bundesverband der Deutschen Industrie bei einem Tarifvertrag mit der Maschinenbauindustrie
- (D) Vereinigte Dienstleistungsgewerkschaft Ver.di bei einem Gehaltstarifvertrag für die Beschäftigten des privaten Bankgewerbes
- (E) Arbeitgeberverband der Druckindustrie bei einem Tarifvertrag mit der IG Medien
- (F) Deutsche Bank AG bei einem Haustarifvertrag

2 Mantel- und Gehaltstarifvertrag

Welche der folgenden Aussagen betreffen
- ☐1☐ den Manteltarifvertrag,
- ☐2☐ den Gehaltstarifvertrag?
- (A) Er hat eine verhältnismäßig kurze Laufzeit (meistens 12 bis 15 Monate).
- (B) Er legt die einzelnen Vergütungsgruppen fest.
- (C) Er legt die Höhe des Arbeitsentgelts in den einzelnen Tarifgruppen fest.
- (D) Er regelt die Arbeitsbedingungen.
- (E) Er regelt die Zuordnung von Tätigkeiten zu den Vergütungsgruppen.
- (F) Er regelt den Erholungsurlaub und die Arbeitsbefreiung.

3 Arbeitsrechtliche Verträge

Was liegt vor?
- ☐1☐ Tarifvertrag
- ☐2☐ Betriebsvereinbarung
- ☐3☐ Arbeitsvertrag
- ☐4☐ weder Tarifvertrag, noch Betriebsvereinbarung, noch Arbeitsvertrag
- (A) Vereinbarung zwischen einer Gewerkschaft und einem Betrieb zum Schutz der Arbeitnehmer vor den Auswirkungen von Rationalisierungsmaßnahmen (Rationalisierungsschutz)

(B) Vereinbarung zwischen dem Betriebsrat und dem Betrieb über einen Sozialplan
(C) Vereinbarung zwischen einer Gewerkschaft und dem Arbeitgeberverband über Vorruhestandsregelungen
(D) Vereinbarung zwischen einer Gewerkschaft und dem Betriebsrat einer Gesellschaft über einen Vortrag eines Gewerkschaftsvertreters in der Betriebsversammlung
(E) Vereinbarung zwischen einer Gewerkschaft und drei bei ihr einzustellenden Sekretärinnen über Arbeitszeitregelungen

4 Aussagen zu Tarifverträgen

Welche der folgenden Aussagen über Tarifverträge sind zutreffend?

(A) Tarifvertragliche Vereinbarungen können in Arbeitsverträgen zulasten der Arbeitnehmer abgeändert werden.
(B) Während der Laufzeit eines Tarifvertrags herrscht Friedenspflicht.
(C) Während einer Tarifauseinandersetzung herrscht nach dem Scheitern eines Schlichtungsverfahrens Friedenspflicht.
(D) Tarifverträge können vom Betriebsrat für allgemein verbindlich erklärt werden. Sie gelten dann für alle Arbeitnehmer des Betriebs, auch für Nichtmitglieder der Gewerkschaft.
(E) Tarifverträge können auf Antrag vom Bundesministerium für Arbeit und Soziales für allgemein verbindlich erklärt werden. Sie gelten dann innerhalb eines Bereichs, auf den sich der Tarifvertrag erstreckt, für alle Arbeitnehmer.
(F) Alle Tarifverträge werden in das beim Bundesministerium für Arbeit und Soziales geführte Tarifregister eingetragen.
(G) Nur die für allgemein verbindlich erklärten Tarifverträge werden in das beim Bundesministerium für Arbeit und Soziales geführte Tarifregister eingetragen.

5 Streik/Aussperrung

In einer Tarifauseinandersetzung wollen die Arbeitgeber auf einen Schwerpunktstreik mit Aussperrung reagieren.

1. Die Arbeitgeber sperren alle Arbeitnehmer des bestreikten Wirtschaftszweiges im Tarifbereich aus.
   a) Welche Gründe sprechen aus der Sicht der Unternehmungen dafür, auch arbeitswillige Arbeitnehmer auszusperren?
   b) Wie beurteilen Sie die Maßnahme aus der Sicht der betroffenen Arbeitswilligen?
2. Dürfen die Arbeitgeber sich darauf beschränken, alle gewerkschaftlich organisierten Arbeitnehmer auszusperren?

Wiederholungsfragen

1. Was ist ein Tarifvertrag?
2. Wer ist tarifvertragsfähig?
3. Was versteht man unter Tarifautonomie?
4. Aus welchen beiden Teilen besteht ein Tarifvertrag? Geben Sie Beispiele für den Inhalt jedes der beiden Teile des Tarifvertrags!
5. Wodurch unterscheiden sich Manteltarifverträge und Lohn- und Gehaltstarifverträge?
6. Erklären Sie die Begriffe „Tarifgebundenheit" und „Allgemeinverbindlichkeitserklärung"!
7. Welche Grundsätze rechtmäßiger Kampfführung sind in einem Arbeitskampf zu beachten?
8. Was ist ein Streik?
9. Wie unterscheiden sich Streik und Arbeitsverweigerung?
10. Was ist ein wilder Streik?
11. Wie unterscheidet sich ein politischer Streik von einem Streik als Mittel des Arbeitskampfes?
12. Erklären Sie die Begriffe „Sympathiestreik" und „Warnstreik"!
13. Wann liegt eine Aussperrung vor?
14. Erläutern Sie das Hauptargument der Gewerkschaft gegen die Aussperrung!
15. Welche Grundsätze zum Recht der Aussperrung haben die Arbeitgeber zu beachten?
16. Schildern Sie, über welche verschiedenen Stationen in einem Arbeitskampf Tarifverträge zustande kommen können!
17. Welchen Zweck verfolgt die Schlichtung bei Tarifauseinandersetzungen?
18. Wie ist die Zahlung von Arbeitslosengeld an Arbeitnehmer geregelt, die von einem Arbeitskampf betroffen sind?

7 Das Recht der Mitbestimmung

7.1 Mitbestimmung in Betrieb und Unternehmen

7.1.1 Begründung der Mitbestimmung

In Betrieben und Unternehmen wirken Kapital und Arbeit bei der Erstellung von Sachgütern und Dienstleistungen zusammen. Arbeitnehmer erbringen die Arbeitsleistung, sind aber mehr als nur ein Produktionsfaktor wie das Kapital. Das Leben des Arbeitnehmers wird wesentlich durch den Betrieb, in dem er tätig ist, bestimmt. Der Unternehmer kann den Betrieb umorganisieren, den Arbeitsplatz gestalten, eine Betriebsordnung aufstellen. Er kann zahlreiche Entscheidungen treffen, die sich auf die Arbeitnehmer auswirken.

Sinn der betrieblichen Mitbestimmung ist es, dass die Arbeitnehmer bei den Entscheidungen, die sie und ihren Arbeitsplatz betreffen, mitbestimmen können. Sie sollen nicht nur „Objekt" unternehmerischer Entscheidungen, sondern auch „Subjekt" sein.

Darüber hinaus sind Arbeitnehmer auch in den **Leitungsgremien von Unternehmen,** z. B. in der Rechtsform von Aktiengesellschaft und GmbH, vertreten (Unternehmensmitbestimmung). Sie können in dieser Weise die Geschicke des Unternehmens mitbestimmen, also auch an wirtschaftlichen und planerischen Entscheidungen mitwirken, die von den Organen dieser Unternehmen getroffen werden.

Die gesetzlichen Regelungen über eine Mitwirkung und Mitbestimmung der Arbeitnehmer verwirklichen das Bekenntnis zum **sozialen Rechtsstaat** in Art. 20 Abs. 1 des Grundgesetzes für die Bundesrepublik Deutschland.

7.1.2 Die Ebenen der Mitbestimmung

Schlüsselbegriffe für die Unterscheidung zwischen betrieblicher Mitbestimmung und Unternehmensmitbestimmung sind die Begriffe „Betrieb" und „Unternehmen". Im Arbeitsrecht versteht man unter einem **Betrieb** eine räumliche und organisatorische Zusammenfassung von Arbeitsmitteln durch den Arbeitgeber zu einem bestimmten arbeitstechnischen Zweck. Arbeitsmittel sind z. B. Werkhallen, Maschinen, Material, Patente. Der arbeitstechnische Zweck kann z. B. in der Herstellung von Autos bestehen. Der Begriff des Unternehmens ist im arbeitsrechtlichen Sinne weiter als der des Betriebs. Das **Unternehmen** hat eine über den arbeitstechnischen Zweck hinausgehende, zumeist wirtschaftliche Zwecksetzung. Mehrere Betriebe können von einem Unternehmen organisatorisch zur Verfolgung des gleichen Zwecks zusammengefasst und unter einer einheitlichen Leitung geführt werden (z. B. ein Sägewerk, eine Möbelfabrik und ein Möbeleinzelhandelsgeschäft; eine Großbank mit zentralem Firmensitz und Filialen im gesamten Bundesgebiet). Unter einem Konzern versteht man die Zusammenfassung mehrerer Unternehmen unter einheitlicher Leitung (§ 18 AktG).

Das Recht auf **Mitbestimmung im allgemeinen Sinne** ist in der Bundesrepublik Deutschland durch das Betriebsverfassungsgesetz, das Mitbestimmungsgesetz, das Drittelbeteiligungsgesetz und das Montanmitbestimmungsgesetz geregelt. Regelungen, die dem Arbeitnehmer ein individuelles Beteiligungsrecht (auf der Ebene des Arbeitsplatzes) und ein Beteiligungsrecht über den Betriebsrat gewähren, werden als Betriebsverfassungsrecht bezeichnet.

Diese Rechte betreffen vor allem soziale Belange. Die Möglichkeit, auf wirtschaftliche Entscheidungen einzuwirken, wird vor allem auf der Ebene der Unternehmensmitbestimmung (**Unternehmensverfassung**) gewährt.

Für den öffentlichen Dienst gelten das Personalvertretungsgesetz des Bundes und die Personalvertretungsgesetze der Länder.

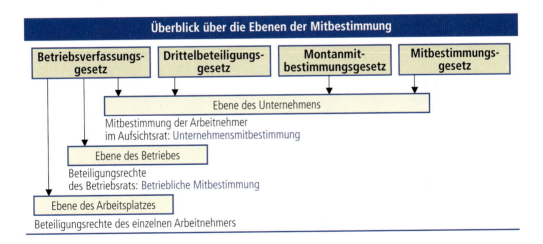

7.2 Die Beteiligungsrechte des Arbeitnehmers auf der Ebene des Arbeitsplatzes

Der Arbeitnehmer hat gemäß Betriebsverfassungsgesetz auf der **Ebene des Arbeitsplatzes** individuelle Rechte, die er ganz persönlich wahrnehmen kann. Es sind vor allem die folgenden Unterrichtungs-, Anhörungs- und Beschwerderechte:

- Recht auf Unterrichtung über seine Aufgaben und die damit verbundene Verantwortung sowie über die Einordnung seiner Tätigkeit in den betrieblichen Arbeitsablauf (§ 81 Abs. 1 BetrVG),
- Recht auf Unterrichtung über Unfall- und Gesundheitsgefahren am Arbeitsplatz sowie über Maßnahmen und Einrichtungen zur Abwendung dieser Gefahren (§ 81 Abs. 1 BetrVG),
- Recht auf Anhörung in betrieblichen Angelegenheiten, die seine Person betreffen,
- Recht auf Erörterung der Beurteilung seiner Leistungen (§ 82 BetrVG),
- Recht auf Einsicht in seine Personalakte (§ 83 BetrVG),
- Recht auf Beschwerde, wenn er sich benachteiligt oder ungerecht behandelt fühlt. Die Beschwerde kann der Arbeitnehmer bei der zuständigen Stelle des Betriebs (§ 84 Abs. 1 BetrVG) vorbringen. Der Betriebsrat ist verpflichtet, Beschwerden von Arbeitnehmern entgegenzunehmen und, falls er sie für berechtigt hält, beim Arbeitgeber auf Abhilfe hinzuwirken (§ 85 Abs. 1 BetrVG).

7.3 Die Betriebsverfassung und ihre Organe

Die **Betriebsverfassung** ist die arbeitsrechtliche Grundordnung des Betriebes. Sie regelt die Zusammenarbeit zwischen Arbeitgeber und Arbeitnehmer auf Betriebsebene. Ihre Rechtsgrundlage hat sie im Betriebsverfassungsgesetz von 1972. Die wichtigsten Träger der Betriebsverfassung sind, neben dem Arbeitgeber, der Betriebsrat und die Betriebsversammlung.

7.3.1 Betriebsrat

Der Betriebsrat ist die vom Betriebsverfassungsgesetz geschaffene **gesetzliche Vertretung der Arbeitnehmerschaft** des Betriebes. Er hat die Interessen der Arbeitnehmer zu vertreten, aber auch die Interessen des Betriebs zu berücksichtigen. Der Betriebsrat übt Beteiligungsrechte für die Arbeitnehmer des Betriebs aus. Er ist auf der Ebene des Betriebs tätig (betriebliche Mitbestimmung). Bestehen in einem Unternehmen mehrere Betriebe (ein Unternehmen mit Filialen oder Niederlassungen), wird auf Unternehmensebene ein Gesamtbetriebsrat gebildet. Die Betriebsräte entsenden Mitglieder in den **Gesamtbetriebsrat**. Für einen Konzern kann durch Beschlüsse der einzelnen Gesamtbetriebsräte ein **Konzernbetriebsrat** gebildet werden.

Im Raume der Europäischen Union tätige Unternehmen müssen einen **Europäischen Betriebsrat** oder ein Verfahren zur Unterrichtung und Anhörung der Arbeitnehmer vereinbaren (§ 1 Europäisches Betriebsräte-Gesetz). Ein Unternehmen ist gemeinschaftsweit tätig, wenn es insgesamt mindestens 1 000 Arbeitnehmer in den Mitgliedstaaten beschäftigt, davon mindestens je 150 Arbeitnehmer in zwei Mitgliedstaaten.

Arbeitgeber und Betriebsrat haben die Pflicht zur **vertrauensvollen Zusammenarbeit**. Sie sollen mindestens einmal im Monat eine Besprechung abhalten. Sie sollen ihre Verhandlungen mit dem ernsten Willen zur Einigung führen und Vorschläge für die Beseitigung von Meinungsverschiedenheiten machen.

Arbeitnehmer im Sinne des BetrVG sind Angestellte, Arbeiter und Auszubildende (zur Abgrenzung des Begriffs „Arbeitnehmer" siehe 1.2). Gemäß § 1 Sprecherausschussgesetz werden in Betrieben mit mehr als zehn leitenden Angestellten **Sprecherausschüsse für die leitenden Angestellten** gebildet. Auf leitende Angestellte findet das BetrVG keine Anwendung, soweit im Gesetz nichts anderes bestimmt ist.

7.3.2 Betriebsversammlung

Die **Betriebsversammlung** hat die Aufgabe, den Kontakt und den Informationsfluss zwischen Belegschaft und Betriebsrat herzustellen. Sie besteht aus den Arbeitnehmern des Betriebs und wird von dem Vorsitzenden des Betriebsrats geleitet (§ 42 Abs. 1 BetrVG). Der **Betriebsrat** hat einmal in jedem Kalendervierteljahr eine **Betriebsversammlung** einzuberufen und ihr einen Tätigkeitsbericht zu erstatten (§ 43 Abs. 1 BetrVG). Der Betriebsrat kann zwei der vierteljährlich vorgeschriebenen vier Pflicht-Betriebsversammlungen als **Abteilungsversammlungen** durchführen. Die Abteilungsversammlung soll der Erörterung besonderer Anliegen der Arbeitnehmer in Betriebsabteilungen dienen.

Der **Arbeitgeber** ist zu den Betriebs- und Abteilungsversammlungen unter Mitteilung der Tagesordnung einzuladen. Er ist berechtigt, in den Versammlungen zu sprechen.

Der Arbeitgeber ist verpflichtet, mindestens einmal in jedem Kalenderjahr in einer Betriebsversammlung über das Personal- und Sozialwesen des Betriebs und über die wirtschaftliche Lage und Entwicklung des Betriebs zu berichten. Er ist jedoch nicht verpflichtet, Betriebs- oder Geschäftsgeheimnisse offenzulegen (§ 43 Abs. 2 BetrVG).

7.3.3 Jugend- und Auszubildendenvertretung

Die besonderen Belange
- der jugendlichen Arbeitnehmer (Arbeitnehmer, die das 18. Lebensjahr noch nicht vollendet haben) und
- der Auszubildenden (soweit sie das 25. Lebensjahr noch nicht vollendet haben)

werden durch die Jugend- und Auszubildendenvertretung wahrgenommen (§ 60 BetrVG).

Die Jugend- und Auszubildendenvertretung kann zu **allen Sitzungen des Betriebsrats** einen Vertreter entsenden. Werden im Betriebsrat Angelegenheiten behandelt, die besonders jugendliche Arbeitnehmer und Auszubildende betreffen, so hat zu diesem Tagesordnungspunkt die gesamte Jugend- und Auszubildendenvertretung ein Teilnahmerecht. Die Jugend- und Auszubildendenvertreter haben in der Sitzung des Betriebsrats Stimmrecht, soweit die zu fassenden Beschlüsse überwiegend jugendliche Arbeitnehmer und Auszubildende betreffen (§ 67 BetrVG).

Jugend- und Auszubildendenvertretungen werden in Betrieben gewählt, in denen in der Regel mindestens fünf jugendliche Arbeitnehmer bzw. Auszubildende, die das 25. Lebensjahr noch nicht vollendet haben, beschäftigt sind.

Kapitel 7

Wahlberechtigt sind jugendliche Arbeitnehmer unter 18 Jahren und Auszubildende unter 25 Jahren (§ 61 BetrVG).

Wählbar sind alle Arbeitnehmer des Betriebs, die das 25. Lebensjahr noch nicht vollendet haben. Bestehen in einem Unternehmen mehrere Jugendvertretungen, so ist auf Unternehmensebene eine Gesamt-Jugend- und Auszubildendenvertretung zu errichten (§ 72 Abs. 1 BetrVG).

7.4 Betriebsrat und betriebliche Mitbestimmung

7.4.1 Die Bildung des Betriebsrats

7.4.1.1 Errichtung

Betriebsräte werden in den Betrieben gebildet, die in der Regel mindestens fünf ständige wahlberechtigte Arbeitnehmer haben, von denen drei wählbar sind (§ 1 BetrVG). Als Betrieb im Sinne des Betriebsverfassungsgesetzes gelten Industrie-, Handels-, Bankbetriebe usw., auch Handwerksbetriebe und Büros von Freiberuflern (z. B. Rechtsanwälte, Steuerberater, Apotheker). Dies gilt auch für gemeinsame Betriebe mehrerer Unternehmen. Ein gemeinsamer Betrieb mehrerer Unternehmen wird vermutet, wenn zur Verfolgung arbeitstechnischer Zwecke die Betriebsmittel sowie die Arbeitnehmer von den Unternehmen gemeinsam genutzt werden. Eine gemeinsame Leitung ist nicht erforderlich (§ 1 BetrVG).

7.4.1.2 Wahlrecht und Amtszeit

Die **Wahlberechtigung (das aktive Wahlrecht)** für die Wahl des Betriebsrats haben alle Arbeitnehmer (also auch Auszubildende), die das 18. Lebensjahr vollendet haben. Wahlberechtigt sind auch Arbeitnehmer, die dem Betrieb von einem anderen Arbeitgeber zur Arbeitsleistung überlassen worden sind (**Leiharbeiter**). Sie sind vom ersten Tag ihres Arbeitseinsatzes an wahlberechtigt, wenn sie länger als drei Monate im Betrieb eingesetzt werden (§ 7 BetrVG).

Wählbar sind alle Arbeitnehmer, die das aktive Wahlrecht besitzen und mindestens sechs Monate dem Betrieb angehören (**passives Wahlrecht**, § 8 BetrVG).

Auch **Arbeitnehmer mit ausländischer Staatsangehörigkeit** sind wählbar. Nicht wählbar ist, wer infolge strafrechtlicher Verurteilung die Fähigkeit nicht besitzt, Rechte aus öffentlichen Wahlen zu erlangen. Gesellschafter bzw. Vertreter juristischer Personen sind keine Arbeitnehmer, also ebenfalls nicht wählbar.

Das Amt des Betriebsrats ist ein Ehrenamt. Ein Betriebsrat erhält keine besondere Vergütung. Durch eine Betriebsratstätigkeit versäumte Zeit hat jedoch der Arbeitgeber zu bezahlen. Mitglieder des Betriebsrats sind von ihrer beruflichen Tätigkeit zu befreien, soweit dies für die Betriebsratstätigkeit erforderlich ist. Je nach Anzahl der Arbeitnehmer in dem Betrieb ist eine in § 38 BetrVG festgelegte Zahl von Betriebsratsmitgliedern von ihrer beruflichen Tätigkeit völlig freigestellt (z. B. bei 200 bis 500 Arbeitnehmern ein Betriebsratsmitglied, von 501 bis 900 Arbeitnehmern zwei und von 901 bis 1500 Arbeitnehmern drei Betriebsratsmitglieder).

Aktives Wahlrecht zum Betriebsrat und zur Jugend- und Auszubildendenvertretung			
Betriebsrat		Jugend- und Auszubildendenvertretung	
Arbeitnehmer über 18 Jahre	Auszubildende über 18 Jahre	Arbeitnehmer unter 18 Jahre	Auszubildende unter 25 Jahre

Die regelmäßige **Amtszeit** des Betriebsrats beträgt vier Jahre (§ 21 BetrVG).

7.4.1.3 Wahlverfahren

Die regelmäßigen **Betriebsratswahlen** finden alle vier Jahre in der Zeit vom 1. März bis 31. Mai statt (§ 13 Abs. 1 BetrVG). Der Betriebsrat wird in geheimer und unmittelbarer Wahl gewählt (§ 14 Abs. 1 BetrVG). Die Wahl erfolgt nach den Grundsätzen der Verhältniswahl. Wahlvorschläge können die wahlberechtigten Arbeitnehmer und die im Betrieb vertretenen Gewerkschaften machen (§ 14 BetrVG). In Kleinbetrieben (fünf bis 50 wahlberechtigte Arbeitnehmer) wird der Betriebsrat auf einer Wahlversammlung in geheimer und unmittelbarer Wahl gewählt (§ 14a BetrVG). Dies gilt auch für die Jugendvertretung (§ 63 Abs. 4 BetrVG).

7.4.1.4 Anzahl der Betriebsratsmitglieder und Zusammensetzung des Betriebsrats

Der Betriebsrat **soll** sich möglichst aus Arbeitnehmern der einzelnen Organisationsbereiche und der verschiedenen Beschäftigungsarten der im Betrieb tätigen Arbeitnehmer zusammensetzen. Männer und Frauen **müssen** entsprechend ihres zahlenmäßigen Verhältnisses im Betriebsrat vertreten sein (§ 15 BetrVG).

Die Zahl der Betriebsratsmitglieder ist in § 9 BetrVG festgelegt.

Zahl der wahlberechtigten Arbeitnehmer	Zahl der Betriebsratsmitglieder
5 – 20	1
21 – 50	3
51 – 100	5
101 – 200	7
201 – 400	9
401 – 700	11
701 – 1 000	13
1 001 – 1 500	15
1 501 – 2 000	17

Zahl der wahlberechtigten Arbeitnehmer	Zahl der Betriebsratsmitglieder
1 501– 2 000	17
2 001– 2 500	19
2 501– 3 000	21
3 001– 3 500	23
3 501– 4 000	25
4 001– 4 500	27
4 501– 5 000	29
5 001– 6 000	31
6 001– 7 000	33
7 001– 9 000	35

In Betrieben mit mehr als 9 000 Arbeitnehmern erhöht sich die Zahl der Mitglieder je angefangene weitere 3 000 Arbeitnehmer um zwei Mitglieder.

7.4.2 Die allgemeinen Aufgaben des Betriebsrats

In § 80 BetrVG werden die **allgemeinen Aufgaben** des Betriebsrats aufgezählt.

Allgemeine Aufgaben des Betriebsrats	
Aufzählung	**Beispiele**
1. **Überwachung der Einhaltung von Rechtsnormen und arbeitrechtlichen Grundsätzen**, die zugunsten von Arbeitnehmern gelten	**Rechtsnormen:** Kündigungsschutzgesetz, Entgeltfortzahlungsgesetz, Arbeitszeitgesetz, Gewerbeordnung, Mutterschutzgesetz, Betriebsverfassungsgesetz usw. **Arbeitsrechtliche Grundsätze:** Gleichbehandlungsgrundsatz, Fürsorgepflicht
2. **Beantragung von Maßnahmen**, die dem Betrieb und der Belegschaft dienen	**Anregungen** für Einstellungen, Versetzungen, Umgruppierungen; Anregungen für Verbesserung der Arbeitsmethoden, für die Beseitigung vermeidbarer Arbeitserschwernisse
3. **Entgegennahme von Anregungen** der Arbeitnehmer und der Jugendvertretung; Vertretung der Anregungen	**Anregungen** jeder Art, die den Betrieb und die Mitarbeiter einschließlich der jugendlichen Arbeitnehmer betreffen
4. Durchsetzung der tatsächlichen **Gleichstellung von Männern und Frauen** und die Vereinbarkeit von Familie und Beruf	**Vorschlag** zur Einführung von Teilzeitarbeit
5. **Eingliederung schutzbedürftiger Personen**	**Eingliederung** Schwerbehinderter, Eingliederung von Arbeitnehmern aus krisenanfälligen Wirtschaftszweigen
6. **Zusammenarbeit mit der Jugend- und Auszubildendenvertretung**	**Maßnahmen** der Berufsausbildung, Vorbereitung und Durchführung der Wahl einer Jugendvertretung
7. **Förderung der Beschäftigung älterer Arbeitnehmer**	**Erhaltung von Arbeitsplätzen**, die besonders für ältere Arbeitnehmer geeignet sind
8. **Integration ausländischer Arbeitnehmer sowie Maßnahmen zur Bekämpfung von Rassismus und Fremdenfeindlichkeit**	**Integrierung** in den Betrieb nach Einstellung, Hinwirkung auf Verständnisbereitschaft gegenüber ausländischen Mitarbeitern
9. Förderung der Maßnahmen des **Arbeitsschutzes** und des **betrieblichen Umweltschutzes**	**Vorschlag** zur Erstellung einer betrieblichen Öko-Bilanz

7.4.3 Die Abstufung der Beteiligungsrechte des Betriebsrats

Das Betriebsverfassungsgesetz gibt dem Betriebsrat **Beteiligungsrechte in sozialen, personellen und wirtschaftlichen Angelegenheiten**. Die Beteiligungsrechte sind – geordnet nach der Intensität der möglichen Einflussnahme – wie folgt abgestuft:

Informationsrecht

Der Betriebsrat hat nur ein Fragerecht, der Arbeitgeber die Erläuterungspflicht.

Beispiel: § 90 BetrVG: Information über die Planung von Neu-, Um- und Erweiterungsbauten

Mitspracherecht

Der Betriebsrat kann verlangen, dass der Arbeitgeber ihn anhört und die Angelegenheit mit ihm erörtert.

Beispiel: § 92 BetrVG: Beratung und Verhandlung zur Personalplanung

Widerspruchsrecht

Der Widerspruch des Betriebsrats führt zu einer Nachprüfung durch das Arbeitsgericht.

Beispiel: § 99 BetrVG: Widerspruch gegen eine Einstellung

Mitbestimmungsrecht („echte" Mitbestimmung)

Der Betriebsrat kann die Einführung einer bestimmten Regelung verlangen (Initiativrecht). Arbeitgeber und Arbeitnehmer können die Regelung nur gemeinsam treffen. Es besteht Einigungszwang. Kommt eine Einigung nicht zustande, dann entscheidet die Einigungsstelle.

Beispiel: § 87 BetrVG: Aufstellung des Urlaubsplans

Es ist eine gemeinsame Aufgabe von Betriebsrat und Arbeitgeber, die **Einigungsstelle** zu bilden (§ 76 BetrVG). Sie muss einen unparteiischen Vorsitzenden haben, der nicht aus dem Betrieb stammt. In der Regel ist es ein Richter eines Arbeitsgerichts. Hinzu kommt eine vom Gesetz nicht festgelegte Zahl von Beisitzern, die je zur Hälfte vom Arbeitgeber und vom Betriebsrat bestimmt werden. Kommt eine Einigung über den Vorsitzenden oder die Zahl der Beisitzer nicht zustande, dann entscheidet das Arbeitsgericht.

Informationsrecht, Mitspracherecht und Widerspruchsrecht werden unter dem Begriff **„Mitwirkungsrecht"** zusammengefasst und der (echten) Mitbestimmung gegenübergestellt.

7.4.4 Beteiligung des Betriebsrats in sozialen Angelegenheiten

In sozialen Angelegenheiten kann der Arbeitgeber in den in § 87 BetrVG aufgezählten Fällen Maßnahmen grundsätzlich nur mit Zustimmung des Betriebsrats treffen. Kommt keine Einigung zwischen Arbeitgeber und Arbeitnehmer zustande, dann entscheidet die **Einigungsstelle** verbindlich. Damit besteht eine echte Mitbestimmung.

Folgende Bereiche unterliegen nach § 87 BetrVG der Mitbestimmung:

- Fragen der Ordnung des Betriebs und des Verhaltens der Arbeitnehmer im Betrieb,
- Beginn und Ende der Arbeitszeit, Pausenregelungen,
- vorübergehende Verlängerungen oder Verkürzungen der Arbeitszeit,
- Regelungen zur Lohngestaltung, einschließlich Zeit, Ort und Art der Lohnauszahlung,
- Aufstellung allgemeiner Urlaubsgrundsätze und des Urlaubsplans,

> **Mitbestimmung in sozialen Angelegenheiten bei kollektiven Regelungen**
> Der Leiter der Kreditabteilung einer Bank fordert von seiner Sekretärin, wegen dringender Arbeiten eine Stunde länger im Dienst zu bleiben. Nach Arbeitsvertrag und Arbeitszeitgesetz wäre dies möglich. Kann die Sekretärin die Überstunde mit der Begründung verweigern, der Betriebsrat müsse einer solchen Regelung zustimmen?
> Nein! Die Mitbestimmungsregeln des § 87 BetrVG gelten grundsätzlich nicht für Einzelfälle. Die Zustimmung des Betriebsrats wäre nur notwendig, wenn die Arbeitszeit für den gesamten Betrieb oder eine Betriebsabteilung vorübergehend verlängert würde.

- Einführung und Anwendung von technischen Einrichtungen zur Überwachung der Leistung oder des Verhaltens der Arbeitnehmer,
- Verwaltung der betrieblichen Sozialeinrichtungen,
- Fragen der betrieblichen Lohngestaltung,
- Grundsätze über das betriebliche Vorschlagswesen,
- Regelungen über die Verhütung von Arbeitsunfällen und Berufskrankheiten,
- Grundzüge der Durchführung von Gruppenarbeit.

7.4.5 Beteiligung des Betriebsrats in personellen Angelegenheiten

Bei den personellen Angelegenheiten unterscheidet das BetrVG zwischen den allgemeinen personellen Angelegenheiten (§§ 92–95 BetrVG), den Angelegenheiten der Berufsbildung (§§ 96–98 BetrVG) und den personellen Einzelmaßnahmen (§§ 99–105 BetrVG).

Zu den **allgemeinen personellen Angelegenheiten** zählen

- die Personalplanung (§ 92 BetrVG),
- die Ausschreibung von Arbeitsplätzen (§ 93 BetrVG),
- der Inhalt von Personalfragebögen und Beurteilungsgrundsätze (§ 94 BetrVG) und
- die Festlegung von Auswahlrichtlinien für Einstellungen (§ 95 BetrVG).

In Angelegenheiten der Personalplanung hat der Betriebsrat nur ein **Informations- und Mitspracherecht**. Für die Gestaltung von Personalfragebögen, Beurteilungskriterien und Einstellungsrichtlinien gewährt das BetrVG ein echtes **Mitbestimmungsrecht**.

In Fragen der Berufsbildung steht dem Betriebsrat ebenfalls ein echtes **Mitbestimmungsrecht** zu (§ 98 BetrVG).

Bei personellen Einzelmaßnahmen (§§ 99–105 BetrVG) hat der Betriebsrat ein **Widerspruchsrecht** (z. B. bei der Kündigung eines Arbeitnehmers). Der Betriebsrat kann im Bereich personeller Einzelentscheidungen die Zustimmung verweigern bei

- Einstellung von Arbeitnehmern,
- Eingruppierung in Tarifgruppen,

Das Recht der Mitbestimmung

- Umgruppierung innerhalb der Tarifgruppen sowie
- Versetzung von Arbeitnehmern auf andere Arbeitsplätze.

Der Betriebsrat kann seine Zustimmung nur verweigern, wenn bestimmte Gründe vorliegen, die in § 99 Abs. 2 BetrVG aufgezählt sind.

Verweigert der Betriebsrat seine Zustimmung, so ist die Verweigerung unter Angabe von Gründen innerhalb einer Woche nach Unterrichtung dem Arbeitgeber schriftlich mitzuteilen. Geschieht dies nicht rechtzeitig, so gilt die Zustimmung als erteilt (§ 99 Abs. 3 BetrVG). Verweigert der Betriebsrat seine Zustimmung, so kann der Arbeitgeber beim **Arbeitsgericht** beantragen, die Zustimmung zu ersetzen (§ 99 Abs. 4 BetrVG).

7.4.6 Beteiligung des Betriebsrats in wirtschaftlichen Angelegenheiten

In wirtschaftlichen Angelegenheiten gibt es die Beteiligung des Wirtschaftsausschusses und die **Beteiligung des Betriebsrats bei Betriebsänderungen** (Sozialplan).

In Betrieben mit in der Regel mehr als 100 ständig beschäftigten Arbeitnehmern ist gem. § 106 BetrVG zur Durchführung der Mitwirkung in wirtschaftlichen Angelegenheiten ein **Wirtschaftsausschuss** zu gründen. Die Mitglieder (mindestens drei, höchstens sieben) werden vom Betriebsrat bestellt.

Der Wirtschaftsausschuss hat

- gegenüber dem Unternehmer ein Beratungsrecht und
- gegenüber dem Betriebsrat eine Unterrichtungspflicht.

Der Unternehmer hat gegenüber dem Wirtschaftsausschuss in allen wirtschaftlichen Angelegenheiten eine **Unterrichtungspflicht**. Eine echte Mitbestimmung ist nicht gegeben.

Zu den wirtschaftlichen Angelegenheiten, über die der Unternehmer den Wirtschaftsausschuss zu unterrichten hat, gehören nach § 106 Abs. 3 BetrVG insbesondere:

- die wirtschaftliche und finanzielle Lage des Unternehmens,
- die Produktions- und Absatzlage,
- das Produktions- und Investitionsprogramm,
- Rationalisierungsvorhaben,
- Fabrikations- und Arbeitsmethoden, insbesondere die Einführung neuer Arbeitsmethoden,
- Fragen des Umweltschutzes,
- die Einschränkung oder Stilllegung von Betrieben oder Betriebsteilen,
- die Verlegung von Betrieben oder Betriebsteilen,
- der Zusammenschluss von Betrieben,
- die Änderung der Betriebsorganisation oder des Betriebszwecks,
- sonstige Vorgänge oder Vorhaben, welche die Interessen der Arbeitnehmer des Unternehmens wesentlich berühren können.

Um die wirtschaftlichen Nachteile zu mildern, die infolge von geplanten Betriebsänderungen den Arbeitnehmern entstehen können, hat der Betriebsrat die Möglichkeit, mit dem Unternehmer einen **Sozialplan** zu vereinbaren (§ 112 BetrVG). Der Sozialplan hat die Wirkung einer Betriebsvereinbarung (siehe 6.2), aus der sich Ansprüche gegen den Arbeitgeber ergeben.

Leistungen aus dem Sozialplan können z. B. Abfindungen oder Überbrückungsgeld bei Verlust des Arbeitsplatzes oder die Sicherung der betrieblichen Altersversorgung sein. Die Höhe der Leistung richtet sich in der Regel nach Alter, Familienstand, Betriebszugehörigkeit usw. Kommt eine Einigung über den Sozialplan nicht zustande, dann **entscheidet die Einigungsstelle**. Bei der Erstellung eines Sozialplans besteht damit eine **echte Mitbestimmung**.

Im Insolvenzverfahren zählen die Ansprüche aus dem Sozialplan zu den bevorrechtigten Forderungen. Im Interesse der übrigen Insolvenzgläubiger sieht § 123 der Insolvenzordnung eine Begrenzung des Sozialplanvolumens vor.

Bereiche und Stufen der Beteiligungsrechte des Betriebsrats (nach BetrVG)			
Stufen \ Bereiche	soziale Angelegenheiten	personelle Angelegenheiten	wirtschaftliche Angelegenheiten
Informationsrecht			Wirtschaftsausschuss in allen wirtschaftlichen Angelegenheiten § 106 BetrVG
Mitspracherecht		Fragen der Personalplanung § 92 BetrVG	
Widerspruchsrecht (Entscheidung durch Arbeitsgericht)		Personelle Einzelmaßnahmen (z. B. Einstellung) § 99 BetrVG	
Mitbestimmungsrecht (Entscheidung durch Einigungsstelle)	alle in § 87 BetrVG aufgezählten sozialen Angelegenheiten	Gestaltung von Personalfragebögen, Beurteilungsgrundsätzen § 94 BetrVG, Auswahlrichtlinien für Einstellungen § 95 BetrVG, Fragen der Berufsbildung § 96 BetrVG	Fragen des Sozialplans § 112 BetrVG

7.4.7 Personalvertretung im öffentlichen Dienst

Beamte, Richter und Soldaten sind keine Arbeitnehmer im engeren Sinne, weil sie in einem öffentlich-rechtlichen Dienstverhältnis stehen (siehe 1.2). Verwaltungsangestellte dagegen sind Arbeitnehmer im Sinne des Arbeitsrechts. Zum öffentlichen Dienst zählen die Verwaltungen, Betriebe und Gerichte des Bundes, der Länder, der Gemeinden und Gemeindeverbände sowie die Körperschaften, Anstalten und Stiftungen des öffentlichen Rechts. Gem. § 130 BetrVG gilt für den öffentlichen Dienst (Angestellte und Beamte) das Personalvertretungsgesetz des Bundes, wenn der Beamte oder der Angestellte bei einer Bundesbehörde beschäftigt ist; für die einzelnen Bundesländer gelten besondere Landes-Personalvertretungsgesetze. Das Personalvertretungsgesetz gilt auch für Betriebe in öffentlich-rechtlicher Form, die der Aufsicht eines Landes unterstehen, wie z. B. Sparkassen und Landesbanken.

Die Personalvertretung hat im Bereich des öffentlichen Dienstes eine ähnliche Funktion wie der Betriebsrat in der Privatwirtschaft.

Betriebsverfassungsrecht und Personalvertretungsrecht: Gegenüberstellung sich entsprechender Begriffe	
Betrieb	Dienststelle
Unternehmer	Leiter der Dienststelle
Betriebsrat	Personalrat
Betriebsversammlung	Personalversammlung

Träger der Mitbestimmung im öffentlichen Dienst sind die **Personalräte**. Sie werden in allen Dienststellen gebildet, die in der Regel mindestens fünf wahlberechtigte Beschäftigte haben, von denen drei wählbar sind. Ihre Amtszeit beträgt vier Jahre.

Besteht der Personalrat aus mehr als drei Personen, so wählen die Beamten und Arbeitnehmer ihre Vertreter in getrennten Wahlgängen. Die wahlberechtigten Angehörigen jeder Gruppe können vor der Neuwahl in getrennten Abstimmungen die gemeinsame Wahl beschließen. Der Beschluss bedarf der Mehrheit der Stimmen aller wahlberechtigten Beschäftigten jeder Gruppe.

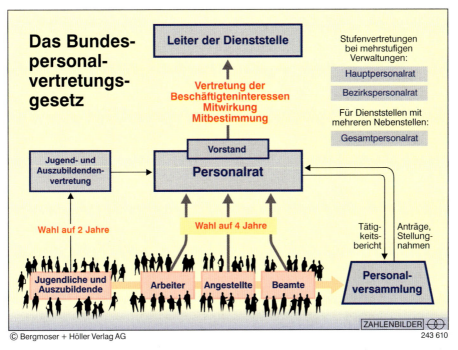

Das Mitwirkungs- und Mitbestimmungsrecht des Personalrats in sozialen und personellen Angelegenheiten ist an den Besonderheiten des öffentlichen Dienstes orientiert, entspricht aber weitgehend dem des Betriebsrats.

7.5 Unternehmensmitbestimmung

7.5.1 Wesen der Unternehmensmitbestimmung

Die gesetzlichen Regelungen zur Unternehmensmitbestimmung sollen den Arbeitnehmern unmittelbaren Einfluss auf wichtige unternehmerische Planungen und Entscheidungen gewähren. Verwirklicht wird die **Unternehmensmitbestimmung** durch die Beteiligung der Arbeitnehmer im **Aufsichtsrat**. Deshalb umfasst die Unternehmensmitbestimmung grundsätzlich nur Unternehmen einer bestimmten Rechtsform und einer größeren Arbeitnehmerzahl.

Durch die Unternehmensmitbestimmung wird die Arbeitnehmerschaft an der Auswahl und der laufenden Kontrolle der Unternehmensleitung beteiligt; sie kann außerdem die Unternehmenspolitik in ihren Grundzügen mitbestimmen.

Schon durch die Mitwirkung der Arbeitnehmervertreter an der **Bestellung und Abberufung der Unternehmensleitung wird** eine soziale Unternehmenspolitik gefördert. Bei der Beratung unternehmerischer Absicht und Entscheidungen im Aufsichtsrat kann auch die Erfahrung und Sachkunde der Arbeitnehmer in den Entscheidungsprozess mit eingehen.

Mit der Unternehmensmitbestimmung soll eine Unternehmenspolitik gefördert werden, die bei unternehmerischen Entscheidungen soziale Belange im Rahmen der wirtschaftlichen Möglichkeiten berücksichtigt.

Die Unternehmensmitbestimmung wird auch als wirtschaftliche Mitbestimmung bezeichnet.

Rechtfertigungsgründe für die Unternehmensmitbestimmung im Bericht der Sachverständigenkommission „Mitbestimmung im Unternehmen"

- **Würde der Person und ihre Entfaltung**
  Besonders in Großunternehmen ist der Arbeitnehmer heute ein „Rädchen im Getriebe". Seine Menschenwürde wird erst voll gewahrt, wenn er auch an seinem Arbeitsplatz als verantwortliche, selbstbestimmte Person anerkannt wird.

- **Gleichberechtigung von Kapital und Arbeit**
  Kapital und Arbeit haben zwar verschiedene Funktionen, sind aber zur Erreichung des Produktionserfolges und mithin für das Produktionsergebnis unentbehrlich. Hinzu kommt, dass auch der Arbeitnehmer das Risiko der unternehmerischen Entscheidung durch die Gefahr des Arbeitsplatzverlustes mitträgt.

- **Demokratisierung**
  Auch im Unternehmensbereich ist das demokratische Prinzip zu beachten. Die Würde und die Freiheit des Einzelnen gebietet Schutz vor der Willkür gesellschaftlicher Macht. Die Anwendung des demokratischen Prinzips auf das Unternehmen verlangt die Bestellung, Abberufung und Kontrolle der Unternehmensleitung auch durch die Arbeitnehmer.

Auszugsweise nach Fitting, Wiotzke, Wißmann, „Mitbestimmungsgesetz" (Kommentar), München 1978, S. 44 f.

7.5.2 Unternehmensmitbestimmung nach dem Drittelbeteiligungsgesetz

Nach dem Drittelbeteiligungsgesetz muss der Aufsichtsrat einer Aktiengesellschaft, einer Kommanditgesellschaft auf Aktien, einer Gesellschaft mit beschränkter Haftung sowie einer Genossenschaft (mit mehr als 500 Arbeitnehmern) zu einem Drittel aus Vertretern der Arbeitnehmer bestehen. Für Montangesellschaften und sog. Großunternehmen gilt ein besonderes Recht (siehe 7.5.3 und 7.5.4).

Von der Pflicht zur **Drittelbeteiligung** der Arbeitnehmer im Aufsichtsrat sind befreit

- Aktiengesellschaften und Kommanditgesellschaften auf Aktien, die Familiengesellschaften sind und weniger als 500 Arbeitnehmer beschäftigen,
- so-genannte Tendenzbetriebe (Unternehmen, die überwiegend politischen, konfessionellen, karitativen, erzieherischen, wissenschaftlichen oder künstlerischen Zwecken dienen).

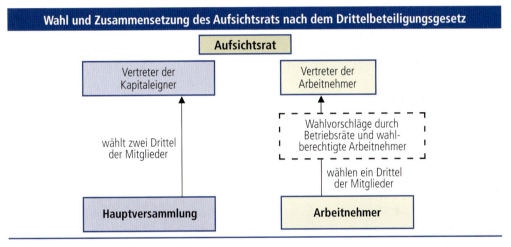

7.5.3 Unternehmensmitbestimmung nach dem Mitbestimmungsgesetz von 1976

Für **Kapitalgesellschaften und Genossenschaften,** die in der Regel mehr als 2 000 Arbeitnehmer beschäftigen und nicht der Montan-Mitbestimmung unterliegen, gilt das Mitbestimmungsgesetz von 1976. Zu den Kapitalgesellschaften zählen vor allem die AG, die GmbH und die KGaA.

Bei einer Kapitalgesellschaft ist die Mitgliedschaft auf die reine Kapital-(Geld-)beteiligung zugeschnitten. Die Gesellschafter haften nicht persönlich, ihre persönliche Mitarbeit an der Geschäftsführung ist nicht notwendig.

Das Gesetz legt fest, dass

- der Aufsichtsrat **paritätisch** mit Vertretern der Kapitaleigner und der Arbeitnehmer besetzt ist,
- Personal- und Sozialfragen durch einen **Arbeitsdirektor** (als Mitglied des Vorstands) besonders betreut werden,
- bei Stimmengleichheit im Aufsichtsrat die **Stimme des Vorsitzenden** den Ausschlag gibt. Der Aufsichtsratsvorsitzende ist in der Regel ein Vertreter der Aktionäre (Kapitaleigner).

Der Aufsichtsrat ist nach dem Mitbestimmungsgesetz (1976) wie folgt zusammengesetzt:
- bei 2 000 bis 10 000 Arbeitnehmern aus sechs Kapitaleignervertretern und sechs Arbeitnehmervertretern (davon zwei Gewerkschaftsvertreter),
- bei 10 000 bis 20 000 Arbeitnehmern aus acht Kapitaleignervertretern und acht Arbeitnehmervertretern,
- bei über 20 000 Arbeitnehmern aus zehn Kapitaleignervertretern und zehn Arbeitnehmervertretern (davon drei Gewerkschaftsvertreter).

Die Mitbestimmung im Aufsichtsrat nach dem Mitbestimmungsgesetz 1976 ist nur zahlenmäßig paritätisch, tatsächlich ist es aber eine ungleichgewichtige Mitbestimmung:
- Aufgrund der gesetzlichen Vorschriften für die Wahl gehört der Aufsichtsratsvorsitzende wohl immer der Gruppe der Kapitaleigner an.
- Der Aufsichtsratsvorsitzende hat bei der Abstimmung über die Bestellung der Vorstandsmitglieder bzw. Geschäftsführer eine ausschlaggebende Zweitstimme.
- Der Gruppe der Arbeitnehmer im Aufsichtsrat ist ein leitender Angestellter zugeordnet, dessen Tätigkeitsbereich im Unternehmen ihn in die Nähe und an die Seite der Anteilseigner rücken lässt.

Daher könnte der Arbeitsdirektor u. U. auch gegen die Stimmen der Arbeitnehmervertreter gewählt werden.

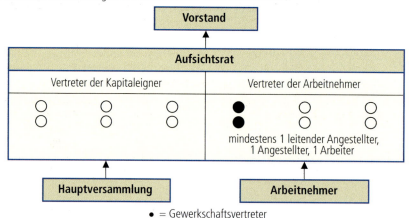

7.5.4 Unternehmensmitbestimmung in der Montanindustrie

Das Montan-Mitbestimmungsgesetz gilt für Unternehmen,
- die überwiegend im Bereich des Kohlebergbaus oder der Eisen und Stahl erzeugenden Industrie tätig sind und die
- in der Form einer Kapitalgesellschaft betrieben werden (Aktiengesellschaft, Gesellschaft mit beschränkter Haftung, Kommanditgesellschaft auf Aktien),
- wenn sie in der Regel mehr als 1 000 Arbeitnehmer beschäftigen.

Das Recht der Mitbestimmung

In der Montanindustrie haben die Arbeitnehmer aufgrund des Montan-Mitbestimmungsgesetzes (im Gegensatz zum Mitbestimmungsgesetz 1976) eine **tatsächlich paritätische Mitbestimmung** im Aufsichtsrat.

Der Aufsichtsrat eines vom Montan-Mitbestimmungsgesetz erfassten Unternehmens besteht aus elf Mitgliedern. Bei größeren Unternehmen kann die Zahl auf 15 oder 21 Mitglieder erhöht werden. Von den elf Mitgliedern werden fünf von der Arbeitnehmerseite und fünf von der Seite der Kapitaleigner benannt. Unter den fünf Aufsichtsratsmitgliedern der beiden Seiten muss sich je ein Mitglied befinden, das nicht Repräsentant einer Gewerkschaft oder einer Vereinigung der Arbeitgeber, nicht Arbeitnehmer oder Arbeitgeber des Unternehmens sein und an dem Unternehmen nicht wesentlich interessiert sein darf.

Zwar „wählt" die Hauptversammlung die Vertreter der Arbeitnehmer in den Aufsichtsrat, tatsächlich hat sie gegenüber den Vorschlägen des Betriebsrats und der Gewerkschaft aber kein Ablehnungsrecht.

Die so festgelegten zehn Mitglieder des Aufsichtsrats wählen den neutralen elften Mann. Dabei stehen Vertreter der Arbeitnehmer und der Kapitaleigner unter dem starken Zwang, sich zu einigen, da sonst ein äußerst kompliziertes Einigungsverfahren in Gang gesetzt wird.

Im Vorstand von Montangesellschaften werden die Arbeitnehmer durch den sog. **Arbeitsdirektor** vertreten (§ 13 Montan-MitbestG). Damit wird die besondere Betreuung von Personal- und Sozialfragen auf Vorstandsebene gewährleistet. Der Arbeitsdirektor kann nicht gegen die Stimmen der Arbeitnehmervertreter bestellt werden.

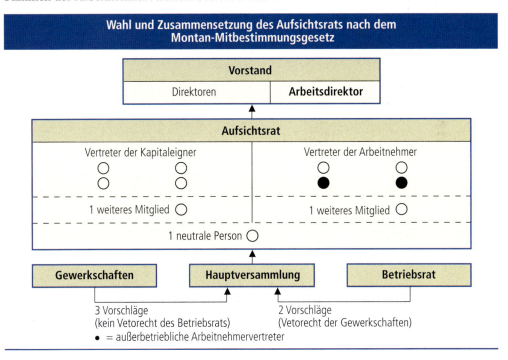

Kapitel 7

Vergleich der Mitbestimmungsregelungen		
	Mitbestimmungsgesetz von 1976	**Montan-Mitbestimmungsgesetz**
Auf wen sind die Mitbestimmungs-regeln anzuwenden?	Das Mitbestimmungsgesetz gilt für Kapitalgesellschaften und Genossenschaften mit mehr als 2 000 Beschäftigten.	Das Montan-Mitbestimmungsgesetz gilt für Kapitalgesellschaften im Montanbereich mit mehr als 1 000 Beschäftigten.
Wie setzt sich der Aufsichtsrat zusammen?	Der Aufsichtsrat besteht zur Hälfte aus Vertretern der Arbeitnehmer und der Kapitaleigner. Unter den Arbeitnehmervertretern müssen sich leitende Angestellte sowie Gewerkschaftsvertreter befinden.	Der Aufsichtsrat besteht aus vier Vertretern der Arbeitnehmer und einem weiteren Mitglied, vier Vertretern der Kapitaleigner und einem weiteren Mitglied und einer „neutralen" Person.
Wer gibt bei Stimmengleichheit den Ausschlag?	Die Stimme des Aufsichtsratsvorsitzenden gibt den Ausschlag. Der Aufsichtsratsvorsitzende ist in der Regel Vertreter der Kapitaleigner.	Die Stimme der „neutralen" Person gibt den Ausschlag. (Die „neutrale" Person wird in der Regel auf Vorschlag der Arbeitnehmervertreter gewählt.)
Wer wählt die Arbeitnehmervertreter im Aufsichtsrat?	Die **Belegschaft des Unternehmens** wählt die Arbeitnehmervertreter direkt oder indirekt. Unter den Arbeitnehmervertretern müssen Vertreter der Gewerkschaften (Wahlvorschläge durch Gewerkschaften) und Arbeitnehmer des Unternehmens sein, wobei Arbeitern, Angestellten und leitenden Angestellten mindestens je ein Sitz zusteht. Die Wahl der unternehmensangehörigen Aufsichtsratsmitglieder der Arbeitnehmer erfolgt aufgrund von Wahlvorschlägen der drei Gruppen.	Die **Hauptversammlung** wählt die Arbeitnehmervertreter aufgrund bindender Vorschläge der Gewerkschaft (drei Vertreter einschließlich des weiteren Mitglieds) und des Betriebsrats (zwei im Unternehmen beschäftigte Vertreter). (Der Vorschlag des Betriebsrats bedarf der Zustimmung der Gewerkschaften.)
Wie setzt sich der Vorstand zusammen?	Im Vorstand ist ein Mitglied als **Arbeitsdirektor** für die besondere Betreuung von Personal- und Sozialfragen tätig.	
Wer bestellt den Arbeitsdirektor?	Der Aufsichtsrat bestellt den Arbeitsdirektor. Der Arbeitsdirektor kann **gegen** die Stimmen der Arbeitnehmervertreter bestellt und abberufen werden.	Der Aufsichtsrat bestellt den Arbeitsdirektor. Der Arbeitsdirektor kann **nicht gegen** die Stimmen der Arbeitnehmervertreter bestellt oder abberufen werden.

Aufgaben

1 Rechte des Betriebsrats

Entscheiden Sie in den folgenden Fällen,
a) ob der Betriebsrat nach dem Betriebsverfassungsgesetz ein Beteiligungsrecht hat,
b) ob es sich um ein Mitwirkungsrecht (Informationsrecht, Mitspracherecht, Widerspruchsrecht) oder um ein Mitbestimmungsrecht handelt!

(A) Wegen verstärkten Auftragseingangs werden für zwei Betriebsabteilungen Überstunden über die Dauer von zwei Monaten angeordnet.
(B) Ein Sachbearbeiter der Einkaufsabteilung soll am 1. März wegen unaufschiebbarer Arbeiten eine Stunde länger im Betrieb bleiben.
(C) Die Gesellschafter des Unternehmens beschließen, einen weiteren Gesellschafter aufzunehmen.
(D) Einer neu eingestellten Phonotypistin wird ein Arbeitsplatz in der Verkaufsabteilung zugewiesen.
(E) Ab 1. Januar sollen neue Grundsätze zur Beurteilung der Mitarbeiter angewendet werden.
(F) Einem Arbeitnehmer wird gekündigt.
(G) Das Unternehmen will aus Rationalisierungsgründen das Produktionsprogramm straffen und auf die Herstellung einiger Produkte verzichten.
(H) Zur Überwachung der Qualität der Arbeitsleistungen sollen neue Kontrollgeräte eingeführt werden.

2 Wahl des Betriebsrats

Welche der folgenden Aussagen zur Wahl des Betriebsrats sind
[1] zutreffend,
[2] unzutreffend?

(A) Das aktive Wahlrecht zum Betriebsrat hat ein Arbeitnehmer erst, wenn er das 21. Lebensjahr vollendet hat.
(B) Das aktive Wahlrecht zum Betriebsrat hat jeder Arbeitnehmer, der das 18. Lebensjahr vollendet hat und länger als sechs Monate im Betrieb beschäftigt ist.
(C) Das aktive Wahlrecht zum Betriebsrat hat jeder (deutsche und ausländische) Arbeitnehmer des Betriebs.
(D) Wählbar zum Betriebsrat ist jeder Arbeitnehmer des Betriebs, der das aktive Wahlrecht besitzt.
(E) Wählbar zum Betriebsrat ist jeder Arbeitnehmer des Betriebs, der das aktive Wahlrecht besitzt und länger als sechs Monate im Betrieb beschäftigt ist.
(F) Der Arbeitgeber hat seinem Betriebsrat für Arbeitszeit, die er wegen seiner Betriebsratstätigkeit versäumt hat, 90 % des Nettolohns zu zahlen.
(G) Die regelmäßige Amtszeit des Betriebsrats beträgt zwei Jahre.
(H) Die regelmäßige Amtszeit des Betriebsrats beträgt vier Jahre.

3 Rechte und Aufgaben der Jugend- und Auszubildendenvertretung

Kennzeichnen Sie aus den folgenden aufgeführten Rechten und Aufgaben der Jugend- und Auszubildendenvertretung
zutreffende Aussagen mit einer [1],
unzutreffende Aussagen mit einer [2]!

(A) Die Jugend- und Auszubildendenvertretung hat ein Recht auf Teilnahme an den Betriebsratssitzungen.
(B) Die Jugend- und Auszubildendenvertretung hat ein Recht zur Teilnahme an Betriebsratssitzungen, deren Tagesordnung besonders jugendliche Arbeitnehmer und Auszubildende betrifft.
(C) Die Jugend- und Auszubildendenvertretung kann zu allen Betriebsratssitzungen einen Vertreter entsenden.
(D) Die Jugend- und Auszubildendenvertretung hat Anregungen von jugendlichen Arbeitnehmern und Auszubildenden entgegenzunehmen und – falls sie berechtigt erscheinen – beim Arbeitgeber auf die Erledigung hinzuwirken.
(E) Die Jugend- und Auszubildendenvertretung hat Anregungen von jugendlichen Arbeitnehmern und Auszubildenden entgegenzunehmen und – falls sie berechtigt erscheinen – beim Betriebsrat auf die Erledigung hinzuwirken.

4 Aktives und passives Wahlrecht bei der Wahl der Jugend- und Auszubildendenvertretung

Prüfen Sie die folgenden Aussagen über Wahlberechtigung und Wählbarkeit zur Jugend- und Auszubildendenvertretung! Welche Arbeitnehmer haben
[1] aktives Wahlrecht,
[2] passives Wahlrecht?
Geben Sie eine [0] an, wenn kein Wahlrecht gegeben ist.

(A) Arbeitnehmer (ohne Auszubildende) nach Vollendung des 18. Lebensjahres
(B) Arbeitnehmer (auch Auszubildende), die das 18. Lebensjahr noch nicht vollendet haben
(C) Arbeitnehmer ausländischer Staatsangehörigkeit, die das 18. Lebensjahr noch nicht vollendet haben
(D) Arbeitnehmer (ohne Auszubildende), die das 25. Lebensjahr noch nicht vollendet haben
(E) Auszubildende, die das 25. Lebensjahr, aber noch nicht das 28. Lebensjahr vollendet haben

5 Unternehmensmitbestimmung

Prüfen Sie:
a) Muss ein Aufsichtsrat gebildet werden?
b) Wie muss der Aufsichtsrat besetzt sein?

Wirtschaftszweig	Unternehmensform	Zahl der Beschäftigten
Brauerei	AG	1 750
Stahlwerk	AG	1 500
Kreditinstitut	KGaA	2 200
Brauerei	AG	2 800
Kreditinstitut	AG	1 400
Versandhandel	GmbH	650
Elektrogeräteherstellung	GmbH	3 200
Autoindustrie	AG	14 000
Spedition	OHG	220
Spedition	GmbH	700

6 Montan-Mitbestimmung

Prüfen Sie die folgenden Aussagen über den Aufsichtsrat einer Kapitalgesellschaft im Montanbereich mit mehr als 1 000 Beschäftigten.

| 1 | Die Aussage ist richtig.
| 2 | Die Aussage ist falsch.

(A) Die Mitglieder des Aufsichtsrats werden von der Hauptversammlung gewählt.

(B) Die Mitglieder des Aufsichtsrats werden zum Teil von der Hauptversammlung, zum Teil von den Arbeitnehmern des Betriebs gewählt.

(C) Die Gewerkschaft hat im Rahmen der Montan-Mitbestimmung einen größeren Einfluss auf die Zusammensetzung des Aufsichtsrats als nach dem Mitbestimmungsgesetz 1976.

(D) Gegen die vom Betriebsrat vorgeschlagenen Aufsichtsratsmitglieder kann die Gewerkschaft ein Veto einlegen.

(E) Die Zusammensetzung des Aufsichtsrats sichert ein Letztentscheidungsrecht der Kapitaleigner.

(F) Die Zusammensetzung des Aufsichtsrats sichert eine paritätische Mitbestimmung der Arbeitnehmer.

Wiederholungsfragen

1. In welchen Gesetzen ist die Mitwirkung und Mitbestimmung der Arbeitnehmer in Betrieben und Unternehmungen geregelt?
2. Für welchen Bereich gilt das Betriebsverfassungsgesetz?
3. Welche individuellen Rechte kann der Arbeitnehmer nach dem Betriebsverfassungsgesetz auf der Ebene des Arbeitsplatzes geltend machen?
4. Welche Organe der Betriebsverfassung gibt es?
5. In welchen Betrieben werden Betriebsräte gebildet?
6. In welchen Betrieben werden Jugend- und Auszubildendenvertretungen gebildet?
7. Wer ist bei Betriebsratswahlen aktiv, wer passiv wahlberechtigt?
8. Welche Grundsätze gelten für das Wahlverhalten bei Betriebsratswahlen?
9. Für welche Zeitdauer wird ein Betriebsrat gewählt?
10. Nennen Sie die allgemeinen Aufgaben des Betriebsrats!
11. Welche Stufen der Beteiligung des Betriebsrats an betrieblichen Entscheidungen (nach der Intensität der möglichen Einflussnahme) werden unterschieden?
12. Welche Voraussetzungen müssen vorliegen, damit „echte" Mitbestimmung vorliegt? Geben Sie Beispiele für eine „echte" (zwingende) Mitbestimmung!
13. Welche Aufgaben hat der Wirtschaftsausschuss?
14. Welche Aufgaben hat eine Einigungsstelle und wie setzt sie sich zusammen?
15. Was ist ein Sozialplan?
16. Wer ist Träger der Mitbestimmung im öffentlichen Dienst?

Kapitel 7

17. Welche Begriffe entsprechen im Personalvertretungsgesetz den folgenden Begriffen aus dem Betriebsverfassungsgesetz: Betrieb – Unternehmen – Betriebsrat – Betriebsversammlung?

18. Vergleichen Sie die Regelungen des Betriebsverfassungsgesetzes mit den entsprechenden Regelungen des Personalvertretungsgesetzes!

19. In welchem Fall spricht man von Unternehmensmitbestimmung?

20. Wie ist der Aufsichtsrat nach dem Betriebsverfassungsgesetz (1952) zusammengesetzt? Wer wählt die Mitglieder des Aufsichtsrats?

21. Auf welche Unternehmen findet das Mitbestimmungsgesetz (1976) Anwendung?

22. Warum kann man die Mitbestimmung in Großunternehmen (nach dem Mitbestimmungsgesetz) als ungleichgewichtige Mitbestimmung bezeichnen?

23. Wie ist der Aufsichtsrat eines Kreditinstituts besetzt, wenn in der Regel mehr als 12 000 Arbeitnehmer beschäftigt werden?

24. Welche Voraussetzungen müssen gegeben sein, damit eine paritätische Mitbestimmung vorliegt?

25. Welche Aufgaben hat ein Arbeitsdirektor?

26. In welchen wichtigen Punkten unterscheiden sich die Regelungen des Mitbestimmungsgesetzes (1976) von den Regelungen des Montan-Mitbestimmungsgesetzes?

8 Sozialrecht

8.1 Die soziale Sicherung in der Bundesrepublik Deutschland

8.1.1 Begriff und Aufgaben des Sozialrechts

Unter **Sozialrecht** versteht man das der sozialen Gerechtigkeit und sozialen Sicherheit dienende Recht. Dieses Ziel soll durch die Gewährung von Sozialleistungen verwirklicht werden. Zu den Sozialleistungen zählen nicht nur Leistungen der öffentlichen Hand (Bund, Länder, Gemeinden), sondern z. B. auch gesetzliche, tarifvertragliche und freiwillige Leistungen der Arbeitgeber. Die Bundesregierung berichtet im **Sozialbudget** regelmäßig über den Umfang und die Struktur der sozialen Leistungen in der Bundesrepublik Deutschland (siehe 8.1.3).

Es entspricht dem Prinzip der in Artikel 20 Grundgesetz festgelegten Sozialstaatlichkeit, die Sicherung gegen Risiken im Leben nicht allein den Möglichkeiten der privaten Vorsorge zu überlassen.

Ziele des Sozialrechts sind nach § 1 Abs. 1 Satz 2 Sozialgesetzbuch, Erstes Buch (SGB I):
- ein menschenwürdiges Dasein zu sichern,
- gleiche Voraussetzungen für die freie Entfaltung der Persönlichkeit, insbesondere auch für junge Menschen, zu schaffen,
- die Familie zu schützen und zu fördern,
- den Erwerb des Lebensunterhalts durch eine frei gewählte Tätigkeit zu ermöglichen,

- besondere Belastungen des Lebens, auch durch Hilfe zur Selbsthilfe, abzuwenden oder auszugleichen.

Das **Sozialstaatsprinzip** verpflichtet den Gesetzgeber, für eine gerechte Sozialordnung zu sorgen. Soziale Gerechtigkeit und soziale Sicherheit stehen in einem engen Zusammenhang. Jedem Staatsbürger soll die Möglichkeit gegeben werden, sein Leben auf einer verlässlichen Basis in einer der menschlichen Würde entsprechenden Weise zu gestalten.

8.1.2 Prinzipien der sozialen Sicherung

Der Verfassungsauftrag der **Sozialstaatlichkeit** wird in der Bundesrepublik Deutschland durch drei Grundprinzipien verwirklicht:

- das Versicherungsprinzip (Sozialversicherung),
- das Versorgungsprinzip (Sozialversorgung),
- das Sozialhilfeprinzip (Arbeitslosengeld II, Sozialgeld, Sozialhilfe).

Das **Versicherungsprinzip** verwirklicht den Grundsatz der sozialen Vorsorge. Das Sozialrecht geht davon aus, dass grundsätzlich jeder Erwachsene die Möglichkeit hat, den Lebensunterhalt für sich und seine Familie durch Erwerbstätigkeit zu verdienen und zur Absicherung gegen vorsorgefähige Risiken einen Beitrag zu leisten. Die Versicherten werden in der Sozialversicherung zu einer Zwangsgemeinschaft zusammengeschlossen. Die Beiträge sind nach sozialen Gesichtspunkten gestaltet. Dies ermöglicht einen **solidarischen Ausgleich** mit denen, die aus ihrem Einkommen einen nach privatwirtschaftlichen Grundsätzen festgesetzten Beitrag zur Absicherung gegen diese Risiken nicht tragen könnten.

Leistungen nach dem **Prinzip der Sozialversorgung** werden ohne eigene Beiträge allein aus allgemeinen Steuermitteln finanziert. Auf die Leistungen besteht ein Rechtsanspruch. Die Bedürftigkeit wird nicht geprüft. Für diese Leistungen gibt es vor allem zwei Gründe:

- Es sollen Schäden ausgeglichen werden, für die eine besondere kollektive Verantwortung der Allgemeinheit gegeben ist.
- Die soziale Förderung erfolgt zur Erreichung von Chancengleichheit.

Beispiele für Leistungen nach dem Prinzip der Versorgung

- **Soziale Entschädigung:**
  Kriegsopferversorgung, Leistungen für Schäden, die in Zusammenhang mit dem Zivildienst entstanden sind, Leistungen an Impfgeschädigte und an Opfer von Gewalttaten
- **Soziale Förderung:**
  Kindergeld, Ausbildungsförderung

Die **Sozialhilfe** tritt dann ein, wenn eine Notlage entsteht, die von der Sozialversicherung nicht abgedeckt wird, für eine Sozialentschädigung nach dem Versorgungsprinzip kein besonderer Grund vorliegt und auch von anderer Seite keine ausreichende Hilfe gewährt wird. Sozialhilfe wird immer nachgeordnet gewährt, wenn keine anderen Unterstützungsmöglichkeiten gegeben sind. Das Sozialhilfegesetz (jetzt eingeordnet in SGB XII) hat den früher für dieses Hilfsprinzip üblichen Begriff der „Fürsorge" abgelöst. Der Begriff „Sozialhilfe" soll deutlich machen, dass der Staat den in Not geratenen Menschen nicht als unmündig ansieht und ihm ein selbstbestimmtes Leben zugesteht. Sozialhilfe will die materielle Grundlage für ein selbstbestimmtes, menschenwürdiges Leben schaffen (Einzelheiten siehe 8.9).

Die grundsätzliche Regelung zur Sozialhilfe ist in § 9 SGB I zu finden.

Überblick über die Prinzipien der sozialen Sicherung			
	Versicherungsprinzip	**Versorgungsprinzip**	**Sozialhilfeprinzip**
Grund für die Leistung	Versicherungsleistung aufgrund eigener Beiträge	Belastungsausgleich von Schäden und Nachteilen, für die die Allgemeinheit (Staat) die Verantwortung übernimmt	Existentielle Not wird weder durch die Sozialversicherung, noch nach dem Versorgungsprinzip behoben, auch private Unterstützungsmöglichkeiten sind nicht gegeben.
Zweige/Beispiele	Kranken-, Pflege-, Renten-, Arbeitslosen- und Unfallversicherung	Kriegsopferversorgung	Grundsicherung, Arbeitslosengeld II, Sozialgeld, Sozialhilfe
Finanzierung der Leistungen	aus Beiträgen zur Pflichtversicherung, teilweise auch aus Steuermitteln	aus allgemeinen Steuermitteln	aus allgemeinen Steuermitteln
Voraussetzungen zur Beanspruchung der Leistung	Eintreten des Versicherungsfalles, kein Nachweis der Bedürftigkeit	Schadensnachweis, aber kein Nachweis der Bedürftigkeit	Nachweis der Bedürftigkeit

8.1.3 Das System der sozialen Sicherung

Alle sozialen Leistungen zusammen ergeben das **System der sozialen Sicherung,** das auch als **„Soziales Netz"** bezeichnet wird. Über die sozialpolitische Entwicklung und über die Absichten der sozialpolitischen Arbeit berichtet die Bundesregierung regelmäßig im **Sozialbericht.** Der finanzielle Teil des Sozialberichts wird Sozialbudget genannt. Im **Sozialbudget** werden die Gesamtheit aller sozialen Leistungen, ihre Aufteilung auf die verschiedenen Bereiche und deren Finanzierung übersichtlich dargestellt.

Eine wichtige Kennziffer zur Beurteilung der sozialpolitischen Aktivität des Staates ist die **Sozialleistungsquote.** Sie zeigt den prozentualen Anteil der Sozialleistungen am Bruttoinlandsprodukt an. Dadurch wird die Last erkennbar, welche die gesamte Volkswirtschaft durch die Leistungen der Sozialabgaben zu tragen hat.

Die Ausgaben für Sozialleistungen pro Kopf der Bevölkerung werden als **Sozialleistungsziffer** bezeichnet.

Sozialbudget (Leistungen nach Institutionen)			
	Einheit	2006	2010
Sozialleistungen, insgesamt	Mio. EUR	702 209	760 600
Pro Kopf (Sozialleistungsziffer)	EUR	8 525	9 298
Sozialleistungsquote	%	30,2	30,4
Leistungen nach Institutionen			
Rentenversicherung	Mio. EUR	239 999	254 254
Krankenversicherung	Mio. EUR	146 026	174 896
Pflegeversicherung	Mio. EUR	18 007	21 291
Unfallversicherung	Mio. EUR	11 087	12 061
Arbeitslosenversicherung	Mio. EUR	38 109	42 023
Sondersysteme [1]	Mio. EUR	6 313	7 521
Systeme des öffentlichen Dienstes [2]	Mio. EUR	50 397	58 036

[1] Alterssicherung der Landwirte, Versorgungswerke und private Altersvorsorge
[2] Pensionen und Beihilfe

Sozialbudget (Leistungen nach Institutionen)			
	Einheit	2006	2010
Arbeitgebersysteme [1]	Mio. EUR	56 400	63 523
Entschädigungssysteme	Mio. EUR	4 371	3 227
Sozialhilfe	Mio. EUR	22 239	24 911
Kinder- und Jugendhilfe	Mio. EUR	19 060	25 393
Kindergeld und Familienleistungsausgleich	Mio. EUR	36 943	41 575
Erziehungsgeld/Elterngeld	Mio. EUR	3 055	4 680
Grundsicherung für Arbeitssuchende	Mio. EUR	48 309	46 381
Ausbildungsförderung	Mio. EUR	1 842	2 186
Wohngeld	Mio. EUR	1 185	1 908
Steuerliche Leistungen	Mio. EUR	35 789	30 736

[1] Entgeltfortzahlung, betriebliche Altersversorgung

Vgl.: Sozialbudget 2010, hrsg. v. Bundesministerium für Arbeit und Soziales, September 2011

8.2 Grundlagen der Sozialversicherung

8.2.1 Wesen und Aufgaben der Sozialversicherung

8.2.1.1 Sozialversicherung im System der sozialen Sicherung

Im Mittelpunkt des Systems der sozialen Sicherung steht die **Sozialversicherung.**

Aufgabe der Sozialversicherung ist die gemeinschaftliche Vorsorge gegen Lebensrisiken (z. B. Krankheit, Gebrechen, Tod) und Beschäftigungsrisiken (z. B. Arbeitslosigkeit, Arbeitsunfälle).

Die Sozialversicherung umfasst die Zweige

- Krankenversicherung (siehe 8.3),
- Pflegeversicherung (siehe 8.4),
- Rentenversicherung (siehe 8.5),
- Arbeitslosenversicherung (siehe 8.6),
- Unfallversicherung (siehe 8.8).

Für alle Zweige der Sozialversicherung dient die **Allgemeine Ortskrankenkasse** (AOK) oder die entsprechende Ersatzkasse als erste **Anlaufstelle.** Nach § 15 Abs. 1 SGB I ist sie Auskunftsstelle für den gesamten Bereich der „sozialen Angelegenheiten". Die Arbeitgeber haben Beginn und Ende jeder versicherungspflichtigen Tätigkeit bei der Krankenkasse zu melden (§ 28a Abs. 1 SGB IV). Auch die Meldung zur Rentenversicherung hat bei der Krankenkasse zu erfolgen, selbst wenn keine Versicherungspflicht zur Krankenkasse besteht (z. B. bei höherverdienenden Arbeitnehmern). Die Krankenkasse leitet die Meldung an die Rentenversicherung und die Bundesagentur für Arbeit (BA) weiter.

8.2.1.2 Selbstverwaltung in der Sozialversicherung

Die Träger der Sozialversicherung sind Körperschaften des öffentlichen Rechts mit Selbstverwaltung. Oberstes Organ des Versicherungsträgers ist die **Vertreterversammlung.** Sie setzt sich aus Vertretern der Versicherten und der Arbeitgeber zusammen und wirkt bei der Willensbildung und dem Vollzug der gesetzlichen Aufgaben mit.

Die Mitglieder der Vertreterversammlung werden durch freie und geheime Wahlen bestimmt, die alle sechs Jahre stattfinden. Für diese Wahlen gelten die Grundsätze der Verhältniswahl.

Bei der Krankenversicherung, der Rentenversicherung der Arbeiter und der Angestellten sowie der Unfallversicherung stellen die Versicherten und die Arbeitgeber je eine Hälfte der Vertreter (§ 43ff. SGB IV).

Bei den Betriebskrankenkassen gehört neben den Versicherten nur der einzelne Arbeitgeber der Vertreterversammlung an. Er hat die gleiche Zahl der Stimmen wie die Vertreter der Versicherten.

Bei den Ersatzkassen werden die Vertreter nur von den Versicherten gewählt.

Bei der Knappschaft Bahn – See kommen 2/3 der Vertreter von den Versicherten und 1/3 von den Arbeitgebern.

Die Vertreter üben ihre Tätigkeit ehrenamtlich aus.

Die Vertreterversammlung beschließt die Satzung und die Versicherungsbedingungen und stellt den Haushaltsplan fest.

8.2.1.3 Der Sozialversicherungsausweis

Jeder Arbeitnehmer hat dem Arbeitgeber bei Aufnahme einer Beschäftigung den Sozialversicherungsausweis vorzulegen. Der fälschungssichere Sozialversicherungsausweis wird von dem jeweils zuständigen Träger der Rentenversicherung ausgestellt (§ 18 h. SGB IV). Er enthält neben dem Namen des Beschäftigten auch dessen Rentenversicherungsnummer.

Durch die Pflicht zur Vorlage des Sozialversicherungsausweises soll u. a.

- die illegale Beschäftigung (Schwarzarbeit) wirksamer bekämpft werden,
- verhindert werden, dass ein beschäftigter Arbeitnehmer unrechtmäßig Sozialleistungen (z. B. Arbeitslosengeld II) bezieht.

Arbeitnehmer bestimmter Wirtschaftszweige müssen den Ausweis während der Beschäftigung mitführen. Das gilt zum Beispiel für die Bauwirtschaft, das Schausteller- und Gebäudereinigungsgewerbe sowie für jene Arbeitnehmer, die beim Auf- und Abbau von Messen und Ausstellungen mitwirken. Für die Beschäftigten dieser Branchen wird der Ausweis mit einem Lichtbild versehen. Die Arbeitgeber dieser Branchen haben bereits am ersten Tag der Arbeitsaufnahme ihre Meldung abzugeben.

Die Agenturen für Arbeit und die Sozialämter haben den Sozialversicherungsausweis einzuziehen, wenn sie Leistungen an Arbeitnehmer gewähren.

Kapitel 8

8.2.2 Versicherungspflicht und Beitragszahlung
8.2.2.1 Allgemeine Versicherungspflicht

Zum Schutz vor sozialen Risiken, zur Sicherung der Lebensqualität und zur Abwendung materieller Not sind gemäß § 2 Abs. 2 SGB IV in allen fünf Zweigen der Sozialversicherung (siehe 8.2.1.1) pflichtversichert
- Personen, die gegen Arbeitsentgelt oder zur Berufsausbildung beschäftigt sind,
- Behinderte Menschen, die in geschützten Einrichtungen beschäftigt werden,
- Landwirte,
- Personen, die keinen anderweitigen Anspruch auf Absicherung im Krankheitsfall haben (§ 5 Abs. 1 Nr. 13 SGB V).

Die Sozialversicherungspflicht könnte umgangen werden, indem Arbeitnehmer gegenüber der Sozialversicherung als Selbstständige erklärt werden **(Scheinselbstständige)**. Die früher gültige umfangreiche Auflistung von Kriterien in § 7 SGB IV, bei denen eine versicherungspflichtige Arbeitnehmertätigkeit vermutet wurde, ist nicht mehr gültig. Anhaltspunkte für eine Arbeitnehmertätigkeit sind gem. § 7 Abs. 1 SGB IV nur noch eine **Tätigkeit nach Weisung** und die **Eingliederung in die Arbeitsorganisation.**

In der Krankenversicherung sind Arbeitnehmer nur bis zu einer bestimmten Höhe ihres Arbeitseinkommens (der **Versicherungspflichtgrenze**) versicherungspflichtig. Wer ein höheres Einkommen hat, kann einer Privatversicherung beitreten oder sich in der gesetzlichen Krankenversicherung freiwillig weiterversichern (§ 9 Abs. 1 Nr. 1 SGB V).

8.2.2.2 Beiträge und Beitragsbemessungsgrenzen für sozialversicherungspflichtige Hauptbeschäftigungen

Die Höhe der Beiträge zur Rentenversicherung, Arbeitslosenversicherung, Kranken- und Pflegeversicherung ist abhängig vom Bruttoarbeitseinkommen des Arbeitnehmers und vom

Beitragssatz. Das Arbeitsentgelt wird jedoch nicht in unbeschränkter Höhe, sondern nur bis zu einem bestimmten Höchstbetrag (**Beitragsbemessungsgrenze**) zugrunde gelegt. Die Beitragsbemessungsgrenze wird jährlich an die allgemeine Lohn- und Gehaltsentwicklung angepasst („dynamisiert"), um die soziale Sicherung durch angemessenes Beitragsaufkommen ausreichend zu finanzieren.

Die Beiträge zur Sozialversicherung werden grundsätzlich von den Arbeitgebern und den Arbeitnehmern je zur Hälfte aufgebracht. Rentner haben die Beiträge zur Sozialen Pflegeversicherung allein zu tragen. Die Beiträge zur gesetzlichen Unfallversicherung zahlen ausschließlich die Arbeitgeber. Beamte und Empfänger von Versorgungsbezügen tragen die Beiträge zur gesetzlichen Krankenversicherung und zur Pflegeversicherung allein.

Beitragssätze und Bemessungsgrenzen in der Sozialversicherung (Stand: Januar 2012)			
Versicherungszweig	**Beitragssatz**	**Beitragsbemessungsgrenze**	**Versicherungspflichtgrenze**
Gesetzliche Rentenversicherung Aktueller Rentenwert: Alte Bundesländer 27,20 EUR Neue Bundesländer 24,13 EUR	19,6 %	Alte Bundesländer 5 600,00 EUR Neue Bundesländer 4 800,00 EUR	keine
Arbeitslosenversicherung	3,0 %	Alte Bundesländer 5 600,00 EUR Neue Bundesländer 4 800,00 EUR	keine
Gesetzliche Krankenversicherung	15,5 % davon 8,2 % AN, 7,3 % AG; Unterschiedliche Beiträge nach finanzieller Situation der Kassen	3 825,00 EUR	4 237,00 EUR
Soziale Plegeversicherung	1,95 % (Erhöhung ab 2013 um 0,1 %) Beitragzuschlag für Kinderlose (nach 1940 geboren) 0,25 %	3 825,00 EUR	4 237,00 EUR

8.2.2.3 Beiträge für geringfügige Beschäftigungen (Minijobs und kurzfristige Beschäftigung)

Mit den Sonderregelungen für die geringfügige Beschäftigung soll ein Anreiz für zusätzliche Beschäftigungen im Niedriglohnbereich geschaffen werden, gleichzeitig soll aber auch die soziale Absicherung der Beschäftigten durch die Einbeziehung in die gesetzliche Rentenversicherung erhalten bleiben. Bisherige Schwarzarbeit soll in ordentliche Arbeitsverhältnisse übergeleitet werden, für die dann alle Schutzvorschriften des Arbeitsrechts gelten.

Eine geringfügig entlohnte Beschäftigung liegt vor, wenn das monatliche Arbeitsentgelt regelmäßig im Monat 400,00 EUR[1] nicht übersteigt. Die Anzahl der geleisteten Arbeitsstunden ist unerheblich (§ 8 SGB IV).

Der Arbeitnehmer zahlt für einen Minijob weder Sozialabgaben noch Steuern, auch wenn er neben der geringfügigen Beschäftigung noch eine Hauptbeschäftigung ausübt.

Der Arbeitgeber hat den Sozialversicherungsbeitrag und die Steuer in einem Pauschalbetrag an die Minijobzentrale (Deutsche Rentenversicherung Knappschaft Bahn – See, Minijobzentrale Essen) abzuführen, die ab 01. 01. 2006 für Minijobs im Privathaushalt auch die Anmeldung zur Unfallversicherung und die Einziehung des Beitrags übernimmt.

Geringfügige Beschäftigung (Minijob)

Wegen der Rechtsfolgen für den Arbeitgeber sind zu unterscheiden:
- geringfügige Beschäftigung in einem gewerblichen Unternehmen (§ 8 Abs. 1 Nr. 1 SGB IV),
- geringfügige Beschäftigung in einem privaten Haushalt (§ 8 a SGB IV).

Der **gewerbliche Arbeitgeber** zahlt für den Minijob eine Pauschalabgabe von 30 % des Arbeitslohns (15 % für die Rentenversicherung, 13 % für die Krankenversicherung und 2 % Lohnsteuer). Für Betriebe mit weniger als 30 Beschäftigten wird außerdem eine Umlage zur Lohnfortzahlung bei Krankheit erhoben.

Besondere Beitragssätze gelten für **haushaltsnahe Beschäftigungen im Privathaushalt.**

Zu den haushaltsnahen Dienstleistungen zählen Tätigkeiten, die üblicherweise von Familienangehörigen übernommen werden, wie Kochen, Putzen, Wäsche waschen, Bügeln, Gartenarbeit und die Betreuung von Kindern und pflegebedürftigen Menschen. Für haushaltsnahe Dienstleistungen hat der Arbeitgeber pauschal 12 % des Lohnes abzuführen (5 % für die Krankenversicherung, 5 % für die Rentenversicherung und 2 % für die Lohnsteuer). Hinzu kommen 1,3 % als Umlage für die Lohnfortzahlung im Krankheitsfall und Mutterschutz. Wer in seinem Haushalt einen Minijobber beschäftigt, kann 20 % seiner Ausgaben (Arbeitslohn + Pauschalbetrag) von seiner Steuerschuld abziehen, höchstens aber 510,00 EUR im Jahr (§ 35a EStG).

Kurzfristige Beschäftigung (§8 Abs 1 Nr. 2 SGB IV)

Eine kurzfristige Beschäftigung liegt vor, wenn die Beschäftigung auf längstens 2 Monate oder 50 Arbeitstage innerhalb eines Jahres begrenzt ist. Der Verdienst aus einer kurzfristigen Beschäftigung ist in der Sozialversicherung beitragsfrei. Er kann aber nicht – wie bei der geringfügigen Beschäftigung – pauschal mit 2 % versteuert werden. Der Arbeitgeber hat eine Pauschalsteuer von 25 % an das Finanzamt abzuführen, zzgl. Solidaritätszuschlag und Kirchensteuer.

---

[1] Zum Zeitpunkt des Redaktionsschlusses bestand die politische Einigung, dass die Verdienstgrenze zukünftig auf 450 EUR angehoben werden soll.

8.3 Die Krankenversicherung und die Gesundheitsreform

8.3.1 Aufgaben der Krankenversicherung

Der größte Teil der Bevölkerung könnte die finanziellen Belastungen, die bei einer ernsthaften Erkrankung für Krankenhaus, Arzt, Medikamente und durch den Ausfall des Arbeitsentgelts entstehen, nicht mit eigenen finanziellen Mitteln bewältigen. Vor diesen Risiken schützt die gesetzliche Krankenversicherung. Ihre Aufgabe ist die Erhaltung und Wiederherstellung der Gesundheit. Der Krankenversicherungsschutz umfasst grundsätzlich die Gewährung von Kostenschutz und die Absicherung gegen Einkommensausfall.

Mit der am 1. April 2007 in Kraft getretenen Gesundheitsreform wurde das Recht der Krankenversicherung in wesentlichen Punkten geändert. Das Gesetz ist ein Kompromiss der in der Koalition die Regierung bildenden CDU und SPD zwischen ihren unterschiedlichen Grundpositionen Kopfpauschale (CDU) und Bürgerversicherung (SPD).[1] Die zentralen Eckpunkte dieser Gesundheitsreform sind

- Einführung eines Gesundheitsfonds,
- teilweise Steuerfinanzierung des Gesundheitsfonds,
- Versicherungspflicht für alle Personen, die noch nicht versichert sind.

8.3.2 Gesetzliche Grundlagen und Träger der Krankenversicherung

Das Recht der gesetzlichen Krankenversicherung ist im Sozialgesetzbuch, Fünftes Buch (SGB V), geregelt.

Versicherungspflichtige und Versicherungsberechtigte sind Mitglieder der von ihnen gewählten Krankenkasse. Sie können gem. § 173 Abs. 2 SGB V wählen zwischen

- der Ortskrankenkasse des Beschäftigungs- oder Wohnortes,
- jeder Ersatzkasse, deren Zuständigkeit sich nach der Satzung auf den Beschäftigungs- oder Wohnort erstreckt,
- Betriebs- oder Innungskrankenkassen des Betriebs, in dem sie beschäftigt sind oder anderer Betriebe, wenn die Satzung dies vorsieht,
- der Krankenkasse, bei der der Ehegatte versichert ist.

Für die Beschäftigten in der Landwirtschaft, im Bergbau und auf See bestehen Sonderregelungen.

Die Mitgliedschaft versicherungspflichtig Beschäftigter beginnt **mit dem Tag des Eintritts in die Beschäftigung** (§ 186 Abs. 1 SGB V). Versicherungsschutz genießt der Beschäftigte, unabhängig von der Meldung bei einer Krankenversicherung, mit Aufnahme einer versicherungspflichtigen Beschäftigung.

---

[1] **Kopfpauschale** (Gesundheitsprämie) der CDU: Jeder Erwachsene, also auch der Ehepartner, soll einen Beitrag in gleicher Höhe zahlen. Geringerverdienende sollen einen Zuschuss erhalten. **Bürgerversicherung** (SPD): Alle Bürger sind versicherungspflichtig, also auch Selbstständige und Beamte. Bei der Beitragsberechnung werden alle Einkünfte einbezogen, also auch Miet-, Zins- und Kapitaleinkommen.

Die gesetzliche Krankenversicherung ist nach dem Prinzip der Selbstverwaltung durch Versicherte und Arbeitgeber organisiert (§ 29 SGB IV). Für eigene Entscheidungen bleibt allerdings wenig Raum.

Im Gesetz zur Modernisierung der gesetzlichen Krankenversicherung (Nov. 2003) wurde mit dem **Patientenbeauftragten** ein zentrales Sprachrohr für die Interessen der Patienten geschaffen. Er wird vom Bundeskabinett berufen und soll die Belange der Patienten in der Öffentlichkeit vertreten (§ 140h SGB V).

Die Versicherten haben auch dadurch ein verstärktes Mitspracherecht bekommen, dass Patientenverbände und Selbsthilfeorganisationen verstärkt in Entscheidungsprozesse mit einbezogen werden müssen (§ 140f SGB V).

Ein Wechsel der Krankenkassen ist zum Ablauf des übernächsten Kalendermonats möglich, gerechnet von dem Monat, in dem die Kündigung erklärt wird (§ 175 Abs. 4 SGB V). Wartezeiten auf Leistungen gibt es nicht. Erhebt die Krankenkasse einen Zusatzbeitrag, erhöht sie den Zusatzbeitrag oder verringert sie ihre Prämienzahlung, kann die Mitgliedschaft bis zu ihrer erstmaligen Fälligkeit der Beitragserhebung, der Beitragserhöhung oder der Prämienverringerung gekündigt werden.

8.3.3 Versicherte

8.3.3.1 Pflichtversicherung in der gesetzlichen Krankenkasse

Pflichtversichert sind in der gesetzlichen Krankenkasse

- alle Arbeitnehmer bis zur Versicherungspflichtgrenze. Ehegatten und Kinder sind ohne besonderen Antrag (und ohne gesonderten Beitrag) mitversichert, wenn sie nicht selbst versichert sind (Kinder bis zur Vollendung des 18., Schüler und Studenten bis zum 25. Lebensjahr),
- Auszubildende,
- Rentner (nach Mindestmitgliedszeit),
- Arbeitslose, die Arbeitslosengeld erhalten,
- Studenten (zeitlich begrenzt; bis zum 25. Lebensjahr kostenloser Familienversicherungsschutz),
- Freiwillige im Bundesfreiwilligendienst,
- Empfänger von Unterhaltsgeld nach dem Sozialgesetzbuch III (bei Teilnahme an Maßnahmen der beruflichen Weiterbildung).

Die **freiwillige Versicherung** in der gesetzlichen Krankenkasse ist nur in einigen vom Gesetzgeber festgelegten Fällen möglich. Die Mitgliedschaft kommt durch schriftliche Beitrittserklärung gegenüber der Krankenkasse zustande.

Freiwillig kann Mitglied werden bzw. Mitglied bleiben (§ 9 SGB V):

- ein Arbeitnehmer, dessen Pflichtmitgliedschaft endet (z. B. weil sein Einkommen die Versicherungspflichtgrenze übersteigt), wenn die Pflichtmitgliedschaft eine Mindestzeit bestanden hat,
- ein Familienangehöriger, dessen Familienversicherung endet (wenn die Mitgliedschaft eine Mindestzeit bestanden hat).

8.3.3.2 Versicherungspflicht für alle nicht versicherten Personen

Der Verfassungsgrundsatz des Sozialstaates lässt es nicht zu, Personen im Falle einer ernsten Erkrankung ohne Hilfe zu lassen, wenn sie die Krankenkosten nicht selbst tragen können. Deshalb wurde mit der Gesundheitsreform 2007 die Versicherungspflicht für alle Personen eingeführt, die nicht versichert sind (§ 5 Abs. 1 Nr. 13 SGB V). Dabei handelt es sich um Personen, für die keine Versicherungspflicht bei der gesetzlichen Krankenversicherung bestand und die freiwillig keine private Krankenversicherung abgeschlossen haben. Das ist z. B. möglich bei Selbstständigen wie Architekten, Immobilienmaklern, Handwerkern oder Steuerberatern. Die Situation kann auch eintreten, wenn eine Beziehung auseinandergeht, der Partner bisher durch den anderen Partner mitversichert war und er vergessen hat, sich um einen eigenen Krankenversicherungsschutz zu kümmern. Diesem Personenkreis wurden in dem Gesetz zur Gesundheitsreform verschiedene Möglichkeiten geöffnet, Versicherungsschutz zu gewinnen:

- Wer zuletzt gesetzlich krankenversichert war, wird Mitglied seiner letzten Krankenkasse. Er ist seit April 2007 versicherungspflichtig und hat seit dem ersten Tag der Pflichtmitgliedschaft Beiträge zu zahlen, auch rückwirkend.
- Wer zuletzt privat krankenversichert war, darf wieder einen Vertrag bei einem privaten Krankenversicherungsunternehmen abschließen. Seit dem 1. Januar 2009 besteht auch in der Privatversicherung Versicherungspflicht. Die Versicherungsgesellschaft muss die Person ohne Gesundheitsprüfung in einem Basistarif aufnehmen, der dem Leistungsumfang der gesetzlichen Krankenkasse entspricht.
- Wer bisher weder gesetzlich noch privat versichert war, wird nach seinem beruflichen Werdegang entweder der gesetzlichen oder der privaten Krankenversicherung zugeordnet.
  Der gesetzlichen Krankenversicherung wird z. B. zugeordnet, wer in einem Angestelltenverhältnis gearbeitet hat. Selbstständige oder Beamte, die bisher nicht versichert waren, sind der privaten Krankenversicherung zuzuordnen. Sie haben Zugang zu dem Basistarif der privaten Krankenkasse, aber auch zu anderen von der Versicherung angebotenen Tarifen. Eine Versicherung im Basistarif darf von dem privaten Krankenversicherungsunternehmen nicht abgelehnt werden.

Der Beitrag, den die private Krankenversicherung erheben darf, ist auf den Höchstsatz der gesetzlichen Krankenversicherung begrenzt (= Beitragssatz × Beitragsbemessungsgrenze). Wird ein Beitragszahler dadurch hilfsbedürftig im Sinne der Sozialgesetzgebung, dann übernehmen Sozialämter oder die Bundesagentur für Arbeit einen Teil der Kosten.
Wer bei einer gesetzlichen Krankenkasse **freiwillig** versichert ist, kann ebenfalls in den Basistarif einer privaten Krankenkasse überwechseln.

8.3.4 Leistungen der Krankenversicherung
8.3.4.1 Umfang der Leistungen

Die Versicherten der gesetzlichen Krankenkassen haben Anspruch auf folgende Leistungen (§ 11 SGB V):
- Verhütung von Krankheiten (§§ 20ff. SGB V),
- Vorsorgeuntersuchungen zur Früherkennung von Krankheiten (§§ 25ff. SGB V),
- Behandlung von Krankheiten, einschließlich Krankenhauspflege und häuslicher Pflege (§§ 27–52 SGB V),
- Krankengeld (§ 44ff. SGB V).

Versicherte haben die **freie Arztwahl** unter den von den Krankenkassen zur Versorgung zugelassenen Ärzten (§ 76 SGB V).

Versicherte, die ärztliche Behandlung in Anspruch nehmen, haben dem Arzt ihre Krankenversicherungskarte vorzulegen (§ 15 Abs. 2 SGB V). Bis spätestens 2006 sollte die **elektronische Gesundheitskarte** eingeführt werden. Die neue Karte soll auch Gesundheitsdaten speichern können, z. B. Blutgruppe, Allergien oder die Unverträglichkeit von Arzneimitteln. Mithilfe der Karte kann jeder Arzt feststellen, welche Untersuchungen bereits gemacht wurden. So soll Zeit und Geld gespart werden (§ 291a SGB V). Bevor die elektronische Gesundheitskarte flächendeckend eingeführt wird, durchläuft sie aber noch eine Reihe von aufwändigen Tests.

Krankenbehandlung umfasst ärztliche und zahnärztliche Behandlung und die Versorgung mit Arznei-, Verbands- und Heilmitteln, Krankenhausbehandlung und häusliche Krankenpflege (§ 27 SGB V). Der Versicherte hat außerdem Anspruch auf Leistungen, die notwendig sind, um eine Behinderung oder Pflegebedürftigkeit zu verhindern oder zu mindern (§ 11 Abs. 2 SGB V). Die Krankenbehandlung wird ohne zeitliche Begrenzung gewährt.

Wird der Arbeitnehmer ohne sein Verschulden krank und ist somit an seiner Arbeitsleistung gehindert, hat er aufgrund des Entgeltfortzahlungsgesetzes (§ 3) Anspruch auf **Lohnfortzahlung**. Der Arbeitgeber ist verpflichtet, dem kranken Arbeitnehmer 100 % seines regelmäßigen Arbeitsentgelts bis zur Dauer von sechs Wochen zu zahlen. Die Krankenkasse zahlt **Krankengeld,** wenn die Arbeitsunfähigkeit nach Ablauf der Lohnfortzahlung durch den Arbeitgeber andauert. Das Krankengeld beträgt 70 % des ausgefallenen regelmäßigen Arbeitsentgelts und wird wegen derselben Krankheit für höchstens 78 Wochen gewährt (§ 48 SGB V).

Jeder Patient hat das Recht, sich nach jeder Behandlung oder einml je Quartal über die erbrachten Leistungen eine Quittung ausstellen zu lassen (§ 305 Abs. 2 SGB V, Patientenquittung).

8.3.4.2 Einschränkungen im Leistungskatalog

Nach dem Gesetz zur Modernisierung der gesetzlichen Krankenversicherung sind im Leistungskatalog der gesetzlichen Krankenkassen nicht mehr enthalten:

- Sehhilfen, z. B. Brillen (ausgenommen Kinder und Jugendliche unter 18 Jahren sowie über 18 Jahre alte Versicherte mit schwersten Sehstörungen, § 33 SGB V),
- Fahrtkosten zur ambulanten Behandlung (§ 60 SGB V), es sei denn, es wird dadurch eine stationäre Behandlung vermieden.
- Für Zahnersatz erhalten die Versicherten Festzuschüsse. Sie orientieren sich am konkreten Befund und decken mindestens 50 % der vorher festgelegten medizinisch notwendigen Versorgung für diesen konkreten Befund ab.
- Nicht verschreibungspflichtige Medikamente (§ 34 SGB V),
- Sterbegeld.

8.3.4.3 Zuzahlungen durch die Patienten (§ 61 SGB V)

- **Praxisgebühr:** Versicherte ab 18 Jahren zahlen zehn EUR für die erste Inanspruchnahme eines Arztes oder Zahnarztes im Quartal. Alle weiteren Behandlungen bei diesem Arzt sind im gleichen Vierteljahr kostenfrei. Von der Praxisgebühr sind alle Patienten ausgenommen, die einen Überweisungsschein vorlegen. Vorsorgeuntersuchungen, Schutzimpfungen und die jährliche Zahnprophylaxe sind gebührenfrei. Kinder und Jugendliche sind von der Praxisgebühr und allen anderen Zuzahlungen befreit.

- **Arzneimittel, Verbandmittel, Hilfsmittel:** Bei verschreibungspflichtigen Arzneimitteln, Verbandmitteln und bei Hilfsmitteln (z. B. Einlagen) müssen Patienten 10 % der Kosten selbst tragen. Die Zuzahlung beträgt mindestens 5,00 EUR, und höchstens 10,00 EUR für jedes einzelne Medikament.

  > Ein teures Medikament für 150,00 EUR kostet den Patienten nicht 15,00 EUR, sondern nur 10,00 EUR Zuzahlung. Bei einem Medikament für 80,00 EUR zahlt der Patient 8,00 EUR.
  > Bei einem Preis von 14,00 EUR ist der Mindestsatz von 5,00 EUR zu zahlen. Aufgrund der neuen Arzneimittel-Preisverordnung gibt es keine Medikamente mehr, die unter 5,00 EUR kosten. Damit ist ausnahmslos für jedes Medikament die Mindestzuzahlung zu leisten.

- **Stationäre Behandlung:** Wer im Krankenhaus behandelt wird, hat 10,00 EUR je Tag zuzuzahlen, höchstens aber für 28 Tage.
- **Heilmittel:** Bekommt ein Patient Heilmittel wie z. B. Massage oder Krankengymnastik verordnet, muss er 10 % der Kosten selbst tragen. Hinzu kommen 10,00 EUR je Rezept.
- **Hilfsmittel:** Auf Hilfsmittel wie z. B. Hörgeräte oder Einlagen hat der Patient 10 % der Kosten zuzuzahlen, mindestens 5,00 EUR, höchstens 10,00 EUR (§§ 32, 61 SGB V).
- **Fahrtkosten** zur ambulanten Behandlung werden nur noch in Ausnahmefällen und nach vorheriger Genehmigung übernommen. Der Patient zahlt dann 10 % zu. (§ 60 SGB V).
- **Belastungsgrenzen:** Die Zuzahlungen dürfen für Erwachsene nicht mehr als 2 % ihres jährlichen Bruttoeinkommens betragen, für chronisch kranke Menschen nur 1 %. Bei der Berechnung des Einkommens dürfen steuerliche Freibeträge abgezogen werden.

8.3.5 Wahlleistungen

Mit dem GKV-Wettbewerbsstärkungsgesetz wurden den gesetzlichen Krankenkassen vielfältige Möglichkeiten eröffnet, ihren Versicherten Wahltarife anzubieten (§ 53 SGB V). Einige der aufgezählten Wahltarife müssen von den Kassen angeboten werden.

Die Kassen **müssen** folgende Wahltarife anbieten:

- **Integrierte Versorgung**
  Die Krankenkassen haben in ihrer Satzung zu regeln, dass Versicherten eine abgestimmte Versorgung angeboten wird, bei der Haus- und Fachärzte, ambulanter und stationärer Bereich koordiniert zusammenarbeiten. Der Versicherte wird von der Aufgabe entlastet, den richtigen Fortgang seiner Behandlung selbst zu organisieren.
- **Besondere ambulante ärztliche Versorgung**
  Ein Ärztenetz oder ein medizinisches Versorgungszentrum ist für die ambulante Versorgung zuständig.
- **Strukturelle Behandlungsprogramme bei chronischen Krankheiten**
  Die Krankenkassen vereinbaren mit den Ärzten ein Behandlungsprogramm für Patienten mit chronischen Erkrankungen.

- **Hausarztzentrierte Versorgung**
  Patienten müssen bei gesundheitlichen Beschwerden zunächst ihren Hausarzt aufsuchen. Dieser überweist bei Bedarf an Fachärzte.
- Anspruch auf Krankengeld (seit 1. Januar 2009) für Personen, die bisher keinen Anspruch auf Krankengeld hatten.

> Der selbstständige Malermeister Seeger ist bei seiner gesetzlichen Krankenkasse bisher ohne Krankengeldanspruch versichert. Seine Kasse bietet ihm einen Wahltarif mit Krankengeldanspruch für sechs Monate an und erhebt dafür eine zusätzliche Prämie

Die Kassen **dürfen** folgende Wahltarife anbieten:

- **Selbstbehalttarif**
  Das Mitglied verpflichtet sich, einen Teil der von der Kasse zu tragenden Kosten selbst zu übernehmen. Das Mitglied erhält dafür eine Prämie von der Versicherung.
- **Tarif für Nichtinanspruchnahme von Leistungen**
  Das Mitglied verpflichtet sich, ein Jahr lang keine Leistungen der Kasse in Anspruch zu nehmen. Die Kasse gewährt dafür eine Prämie, die aber höchstens ein Zwölftel des Jahresbeitrags betragen darf.
- **Variabler Kostenerstattungstarif**
  Die Kasse kann die Höhe der Kostenerstattung variieren.

> Der angestellte Prokurist Maier wählt einen Tarif, der ihm eine höhere Kostenerstattung gewährt, als sie von der gesetzlichen Kasse im Regeltarif übernommen wird und zahlt dafür eine zusätzliche Prämie.

- **Kostenerstattungstarif**
  Das ist ein Tarif für Versicherte, die Leistungen wie Privatpatienten in Anspruch nehmen wollen. Die Patienten erhalten vom Arzt die Rechnung und zahlen sie zunächst selbst. Der Arzt kann den gleichen Gebührensatz wie für Privatpatienten berechnen. Die Kasse ersetzt die Kosten nach ihrem Tarif.
- **Übernahme der Kosten für von der Regelversorgung ausgeschlossene Arzneimittel**
  In dem Tarif kann z. B. vereinbart werden, dass auch homöopathische Arzneimittel ersetzt werden, die nach dem Regeltarif nicht ersetzt werden.

Bei der Entscheidung für einen Wahltarif ist zu beachten, dass der Versicherte in der Regel drei Jahre an seine Entscheidung gebunden ist.

8.3.6 Finanzierung der gesetzlichen Krankenversicherung: der Gesundheitsfonds

Der Gesundheitsfonds ist ein System zur Finanzierung der gesetzlichen Krankenversicherung in Deutschland. Seit 2009 legt die Bundesregierung einen einheitlichen Beitragssatz für alle gesetzlichen Krankenkassen fest (§ 241 SGB V). Der Beitrag wird je zur Hälfte von den Arbeitgebern und den bei den gesetzlichen Krankenkassen Versicherten getragen. Die bei den gesetzlichen Kassen Versicherten haben zusätzlich einen **Sonderbeitrag in Höhe von 0,9** Prozent des Einkommens zu entrichten (§ 249 SGB V). Die Beiträge werden an eine einheitliche Geldsammelstelle, den **Gesundheitsfonds,** abgeführt.

Der Gesundheitsfonds erhält außerdem **Zuwendungen aus Steuermitteln.** Damit sollen Leistungen der Krankenkassen für versicherungsfremde Leistungen abgegolten werden. Dazu zählt z. B. der prämienfreie Versicherungsschutz von Kindern der Versicherten. Im Bundeshaushalt waren für diesen Zweck für 2009 vier Milliarden EUR eingeplant; ab dem Jahr 2010 sollen sich die Leistungen um jährlich 1,5 Milliarden erhöhen bis zu einer Gesamtsumme von 14 Milliarden EUR. Privat Versicherte müssen den Versicherungsbeitrag für ihre Kinder weiterhin ohne staatlichen Zuschuss selbst tragen.

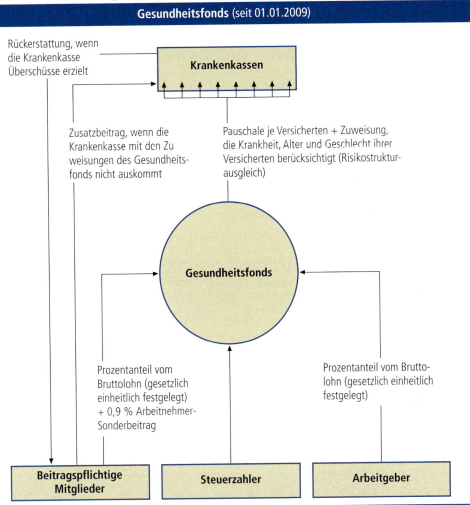

Die Krankenkassen erhalten vom Gesundheitsfonds für jedes Mitglied einen einheitlichen **Pauschbetrag** zur Deckung ihrer Kosten. Hinzu kommt eine zusätzliche Zuweisung an gesetzliche Krankenkassen, die überdurchschnittlich viele Mitglieder mit erhöhtem Risiko versichern. Die Höhe des **Zuschlags zum Pauschbetrag** berücksichtigt den Prozentsatz der Mitglieder mit besonders schwerwiegenden und kostenintensiven Krankheiten sowie Alter und Geschlecht der Versicherten. Damit soll Wettbewerbsgleichheit mit Kassen hergestellt werden, die solche über dem Durchschnitt liegende Risiken nicht zu tragen haben (**Risikostrukturausgleich**, § 266 SGB V).

Sind die Kosten einer Kasse höher als die Zahlungen aus dem Fonds, kann die Kasse von ihren Versicherten einen **Zusatzbeitrag** verlangen, der in der Höhe begrenzt ist. Verlangt werden darf höchstens 1 Prozent des beitragspflichtigen Einkommens oder ein Pauschbetrag von monatlich 8,00 EUR.

Dadurch ist es möglich, dass trotz des gesetzlich festgelegten einheitlichen Beitragssatzes für die verschiedenen Kassen unterschiedliche Beitragssätze bestehen. Würden einer Kasse der Pauschbetrag und der in der Höhe gesetzlich begrenzte Zusatzbeitrag zur Kostendeckung nicht ausreichen, müsste sie wohl Insolvenz anmelden.

Erzielt eine gesetzliche Krankenkasse einen Überschuss, kann eine Prämienrückzahlung an ihre Versicherten erfolgen.

Gegenüberstellung: Gesetzliche Krankenversicherung – Private Krankenversicherung		
	Gesetzliche Krankenversicherung	**Private Krankenversicherung**
Verwaltung	Selbstverwaltung durch Versicherte und Arbeitgeber	Keine Selbstverwaltung durch Versicherte (außer bei Genossenschaften)
Beiträge	Prozentualer Anteil am Bruttoeinkommen; Familienmitglieder beitragsfrei mitversichert	Nach Alter und Geschlecht; im Alter steigende Beiträge. Jede Person muss einzeln versichert werden.
Steuerfinanzierung	Teilweise: Ja	Nein
Leistungsausschluss	Keine Wartezeiten; grundsätzlich kein Leistungsausschluss	Wartezeiten; bestehende Krankheiten werden ausgeschlossen bzw. es werden erhöhte Beiträge verlangt
Umfang des Leistungsangebots	Gesetzlich festgelegt	Vertraglich festgelegt
Vorfinanzierung der Kosten durch den Versicherten	Keine eigene Vorfinanzierung (Sachleistungsprinzip); freie Wahl des Prinzips der Kostenerstattung möglich (Behandlung als Privatpatient; Mehrkosten trägt der Versicherte)	Kostenerstattung bei Vorlage der Rechnung
Mitbestimmung	Ja, durch Wahl zu Vertreterversammlung	Keine Mitbestimmung
Gewinnabsicht	Keine	In der Regel: ja
Streitverfahren	Keine Gerichtsgebühren bis vor das Bundessozialgericht	Kosten der Zivilgerichtsbarkeit

8.4 Die Pflegeversicherung

8.4.1 Aufgaben der Pflegeversicherung

Die **soziale Pflegeversicherung** dient der sozialen Absicherung des Risikos der Pflegebedürftigkeit. Sie hat die Aufgabe, Pflegebedürftigen Hilfe zu leisten, die wegen der Schwere der Pflegebedürftigkeit auf Unterstützung angewiesen sind. Die Kosten, die für die familiäre Pflege oder eine Heimunterbringung entstehen, können vom Betroffenen oder seinen Angehörigen meist nicht allein getragen werden. Hier musste bisher oft der Staat mit Sozialhilfe eingreifen (siehe 8.9). Zur Pflegebedürftigkeit kann es durch altersbedingte Erkrankungen kommen, sie kann aber auch schon in der Jugend entstehen, z. B. durch einen schweren Unfall.

Die Pflegeversicherung dient auch der sozialen Absicherung der in der Pflege bisher unentgeltlich tätigen Angehörigen des Pflegebedürftigen.

8.4.2 Gesetzliche Grundlagen und Träger der Pflegeversicherung

Gesetzliche Grundlage ist das Elfte Buch des Sozialgesetzbuchs (SGB XI).

Träger der sozialen Pflegeversicherung sind die **Pflegekassen** der gewählten Krankenkasse. Ihre Aufgaben werden von den Krankenkassen wahrgenommen. Die Pflegekassen sind Körperschaften des öffentlichen Rechts mit Selbstverwaltung. Sie haben der Krankenkasse die entstehenden Verwaltungs- und Personalkosten zu ersetzen.

8.4.3 Versicherte

In den Schutz der **sozialen Pflegeversicherung** sind kraft Gesetzes alle einbezogen, die in der gesetzlichen Krankenversicherung versichert sind. Das gilt für die Pflichtversicherten ebenso wie für die freiwillig Versicherten.

Wer gegen Krankheit bei einem privaten Krankenversicherungsunternehmen versichert ist, muss eine **private Pflegeversicherung** abschließen (§ 1 Abs. 2 SGB XI).

8.4.4 Leistungen der Pflegeversicherung

Die Leistungen der Pflegeversicherung richten sich danach, ob häusliche oder stationäre Pflege erforderlich ist. Die Pflegeversicherung soll mit ihren Leistungen vorrangig die häusliche Pflege und die Pflegebereitschaft der Angehörigen unterstützen.

Die Leistungen der Pflegeversicherung werden nach dem Grad der Pflegebedürftigkeit gestaffelt. Nach der Häufigkeit des Hilfebedarfs werden drei Stufen der Pflegebedürftigkeit unterschieden (§ 15 Abs. 1 SGB XI):

- **Pflegestufe I „erheblich Pflegebedürftige"**
  Dazu rechnen Personen, die bei der Körperpflege, der Ernährung oder der Mobilität mindestens einmal täglich für zwei Verrichtungen der Hilfe bedürfen und zusätzlich mehrmals in der Woche Hilfe bei der hauswirtschaftlichen Versorgung benötigen.
- **Pflegestufe II „Schwerpflegebedürftige"**
  Diese Stufe der Pflegebedürftigkeit liegt vor bei Personen, die dreimal täglich zu verschiedenen Tageszeiten der Hilfe bedürfen und zusätzlich mehrfach in der Woche Hilfen bei der hauswirtschaftlichen Versorgung benötigen.
- **Pflegestufe III „Schwerstpflegebedürftige"**
  Schwerstpflegebedürftig sind Personen, die rund um die Uhr (auch nachts) der Hilfe bedürfen und zusätzlich mehrfach wöchentlich Hilfen bei der hauswirtschaftlichen Versorgung benötigen.

Pflegebedürftige, die in einem Privathaushalt gepflegt werden, erhalten Grundpflege und hauswirtschaftliche Versorgung als **Sachleistung.** Die häusliche Pflege wird von Pflegekräften erbracht, die von der Pflegekasse selbst angestellt sind. Die häusliche Pflege kann auch von Pflegekräften geleistet werden, die bei ambulanten Pflegeeinrichtungen angestellt sind, mit denen die Pflegekasse einen Versorgungsvertrag abgeschlossen hat. Der Pflegebedürftige kann die Pflege auch selbst durch eine andere Pflegeperson sicherstellen. Dann erhält er statt der Sachleistung ein Pflegegeld.

Bei **stationärer Pflege** übernimmt die Pflegeversicherung die pflegebedingten Aufwendungen bis zu einem monatlichen Höchstbetrag. Die Kosten für Unterkunft und Verpflegung trägt der Pflegebedürftige.

Bei **Pflege im häuslichen Haushalt** haben Pflegebedürftige Anspruch auf Grundpflege und hauswirtschaftliche Versorgung als Sachleistung. Der Anspruch auf Pflegegeld bei häuslicher Pflegehilfe ist je nach Pflegestufe gestaffelt. Häusliche Pflegehilfe wird durch geeignete Pflegekräfte erbracht, mit denen die Pflegekasse einen Vertrag abschließt. Das können auch Angehörige des Pflegebedürftigen sein.

8.4.5 Finanzierung der Pflegeversicherung

Die Finanzierung erfolgt durch Beiträge. Der Beitragssatz beträgt 1,95 % (ab 2013 1,96 %). Kinderlose (nach 1940 geboren) müssen seit 2005 einen um 0,25 % erhöhten Beitrag zahlen. Die Beiträge werden bis zur Beitragsbemessungsgrenze der gesetzlichen Krankenversicherung berechnet. Sie werden grundsätzlich von den Versicherten und von den Arbeitgebern je zur Hälfte aufgebracht. Bei Beziehern von Sozialleistungen (z. B. Arbeitslosengeld, Sozialhilfe) werden die Beiträge vom jeweiligen Leistungsträger (z. B. Bundesagentur für Arbeit) übernommen.

8.5 Die Rentenversicherung

8.5.1 Aufgaben der Rentenversicherung

Die Risiken des Alters und der Erwerbsunfähigkeit mussten früher durch die Familie oder karitative Einrichtungen aufgefangen werden. In der Bundesrepublik Deutschland erfolgt die Absicherung dieser Risiken heute durch die **gesetzliche Rentenversicherung**.

Die Maßnahmen der Rentenversicherung erfolgen in einer Stufenfolge. Zunächst wird versucht, durch Gesundheitsmaßnahmen und berufliche Rehabilitation die Erwerbsfähigkeit zu verbessern oder wiederherzustellen. Ist trotzdem das Ausscheiden aus dem Arbeitsleben nicht zu vermeiden, werden Rentenleistungen gewährt.

Wegen der demografischen Entwicklung wird sich das heutige Niveau der gezahlten Renten in Zukunft nicht halten lassen (siehe dazu auch 8.5.9). Deshalb soll die Alterssicherung in Deutschland künftig auf drei Säulen ruhen:

- gesetzliche Rentenversicherung,
- betriebliche Altersversorgung (s. 8.10),
- private Vorsorge.

8.5.2 Gesetzliche Grundlagen und Träger der Rentenversicherung

Gesetzliche Grundlage der Rentenversicherung ist das Sozialgesetzbuch, Sechstes Buch (SGB VI). Besondere gesetzliche Regelungen gibt es für die Altershilfe für Landwirte sowie die Rentenversicherung für Künstler und Publizisten.

Mit der vom Bundestag und Bundesrat beschlossenen Organisationsreform der gesetzlichen Rentenversicherung haben sich die bisherigen 26 Träger der Rentenversicherung zu einem gemeinsamen Dachverband zusammengeschlossen. Die Bundesversicherung für Angestellte (BfA), die 22 Landesversicherungsanstalten (LVA), die Seekasse, die Bundesknappschaft und die Bahnversicherungsanstalt (BVA) treten nun gemeinsam unter dem Namen „Deutsche Rentenversicherung" auf. Die nicht mehr zeitgemäße Unterscheidung zwischen Arbeitern und Angestellten wurde damit abgeschafft. Jeder Rentenversicherungsträger kann sich jetzt wohnortnah um die Anliegen jedes Kunden der Deutschen Rentenversicherung kümmern.

8.5.3 Versicherte

Pflichtversichert sind in der Rentenversicherung alle **Arbeiter und Angestellten** ohne Rücksicht auf die Höhe des Arbeitsentgelts, ebenso alle **Auszubildenden** und alle **arbeitnehmerähnlichen Selbstständigen.** Das sind Personen, die selbstständig sind, aber trotzdem zu ihrer sozialen Absicherung in die gesetzliche Rentenversicherung einbezogen werden sollen. Ein Selbstständiger, der keine versicherungspflichtigen Arbeitnehmer beschäftigt, dessen Arbeitsentgelt aus diesem Beschäftigungsverhältnis regelmäßig 400,00 EUR im Monat übersteigt und der in der Regel nur einen Auftraggeber hat, ist in der Rentenversicherung als arbeitnehmerähnlicher Selbstständiger („Scheinselbstständiger", siehe 8.2.2.1) versicherungspflichtig. Hinzu kommen noch weitere Personen, wie z. B. Bezieher von Arbeitslosengeld, Freiwillige im Bundesfreiwilligendienst sowie Personen, die ein freiwilliges soziales Jahr ableisten. Auch Studenten sind rentenversicherungspflichtig, wenn sie Einkommen beziehen.

Versicherungsberechtigt ist jeder, der das 16. Lebensjahr vollendet hat. Damit ist der Beitritt auch freiberuflich Tätigen und Unternehmern möglich. Der Nachteil der freiwilligen Versicherung liegt darin, dass der Versicherte den vollen Beitrag allein zu tragen hat. Zur Rentenberechnung werden freiwillig Versicherten ausschließlich Zeiten angerechnet, für die auch Beiträge gezahlt wurden. Auch besteht kein Anspruch auf Erwerbsminderungsrente.

8.5.4 Übersicht über die Leistungen der Rentenversicherung

Die Leistungen der Rentenversicherung werden vor allem als Leistungen zur Teilhabe und als Renten gewährt.

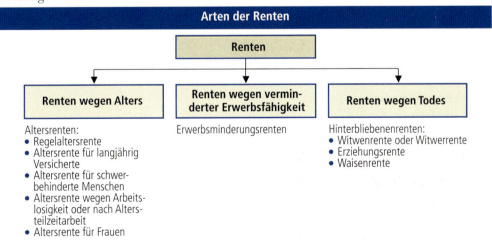

Die **Leistungen zur Teilhabe** (§ 9 SGB VI) umfassen

- **medizinische Leistungen zur Rehabilitation** (Wiedereingliederung in das Arbeitsleben); dazu gehören medizinische Leistungen, vor allem Leistungen in Kur- und Spezialeinrichtungen einschließlich Unterkunft und Verpflegung,

- **berufsfördernde Leistungen zur Rehabilitation:** Hilfen zur Erhaltung oder zur Erlangung eines Arbeitsplatzes, Berufsfindung und Arbeitserprobung, beruflichen Anpassung, Fortbildung, Ausbildung und Umschulung,
- **ergänzende Leistungen:** an erster Stelle Übergangsgeld; damit werden die Aufwendungen zur Sicherung des Lebensunterhaltes und des Lebensbedarfs während einer Rehabilitationsmaßnahme abgegolten. Bei einer berufsfördernden Leistung werden auch die Kosten für Lernmittel, Arbeitskleidung und Arbeitsgeräte übernommen.

Renten werden gewährt (§ 33ff. SGB VI)

- wegen Alters,
- wegen verminderter Erwerbsfähigkeit oder
- wegen Todes.

8.5.5 Altersrenten

Der Versicherte hat einen Anspruch auf Rentenzahlung, wenn er ein bestimmtes Lebensalter erreicht hat und eine bestimmte Zeit pflichtversichert war (Wartezeit).

Regelaltersrente erhält, wer das 67. Lebensjahr[1] vollendet hat und für mindestens 5 Jahre Beiträge gezahlt hat (§ 35 SGB VI). Diese Altersgrenze gilt auch für langjährig Versicherte. Schwerbehinderte Menschen erhalten schon im Alter von 65 Jahren Altersrente. Für den Bezug der Altersrente sind für diese Gruppen auch unterschiedliche Wartezeiten vorgeschrieben.

Unterschiedlich ist die Altersgrenze, bei der vom Gesetz die **vorzeitige Inanspruchnahme** der Altersrente zugelassen wird. Bei Ausnutzung der vorgezogenen Altersgrenze erfolgt eine dauerhafte Rentenkürzung um 0,3 % je Monat vorgezogenem Rentenbeginn. Die besonderen Regelungen für Frauen und Arbeitslose fallen ab Jahrgang 1952 weg.

Altersgrenze für den Bezug von Altersrente[1]				
	Regelaltersrente §§ 35, 50 SGB VI	Schwerbehinderte § 37 SGB VI	Langjährig Versicherte SGB VI § 36	Besonders langjährig Versicherte, § 38 SGB VI
Altersgrenze (Lebensalter) für Rentenbezug ohne Kürzung	67	65	67	65
Altersgrenze für vorgezogene Rente (mit Kürzung)	Nicht möglich	62	63	
Wartezeit (Jahre)	5	35	35	45

Zeiten der Erziehung eines Kindes in dessen ersten drei Lebensjahren werden wie Pflichtbeitragszeiten berücksichtigt, erhöhen also den Rentenanspruch entsprechend.

---

[1] Die Regelaltersgrenze wird ab dem Jahr 2012 (betrifft Geburtsjahrgang 1947) bis zum Jahr 2029 (Geburtsjahrgang 1964) schrittweise auf 67 Jahre angehoben. In der Tabelle sind die Altersgrenzen dargestellt, die sich nach Abschluss der unterschiedlichen Übergangsphasen ergeben. Im Jahr 2022 beträgt die Regelaltersgrenze 65 Jahre und 11 Monate.

8.5.6 Renten wegen verminderter Erwerbsfähigkeit

Seit dem 01.01.2001 werden Berufs- und Erwerbsunfähigkeitsrenten nicht mehr neu gewährt. Die bis zu diesem Zeitpunkt bewilligten Renten wegen verminderter Erwerbsfähigkeit werden weiterhin gezahlt.

An die Stelle der bisherigen Berufs- bzw. Erwerbsunfähigkeitsrente ist die **Erwerbsminderungsrente** getreten. Es gibt den sog. „Berufsschutz" nicht mehr. Wer seinen erlernten Beruf nicht mehr ausüben kann, muss auch in einem geringer bezahlten Beruf arbeiten. Sonst erhält er keine Rente.

Unterschieden werden teilweise und volle Erwerbsminderung (§ 43 SGB VI).

Als **teilweise erwerbsgemindert** gelten Versicherte, die wegen Krankheit oder Behinderung zwischen drei bis sechs Stunden täglich zu arbeiten in der Lage sind. Sie erhalten die Hälfte der Erwerbsminderungsrente.

Voll erwerbsgemindert sind Versicherte, die nur in der Lage sind, weniger als drei Stunden täglich zu arbeiten. Sie erhalten die volle Erwerbsminderungsrente.

8.5.7 Renten wegen Todes (Hinterbliebenenrenten)

Der Tod eines Versicherten führt zu Rentenansprüchen der Hinterbliebenen. Der Hinterbliebene hat Anspruch auf eine Witwenrente/Witwerrente. Es wird unterschieden zwischen der großen und der kleinen Hinterbliebenenrente.

Anspruch auf **große Witwenrente/Witwerrente** besteht (§ 46 SGB VI), wenn der Hinterbliebene

- ein minderjähriges Kind erzieht,
- das 47. Lebensjahr vollendet hat (steigt stufenweise von 45 auf 47 Jahre) oder
- erwerbsgemindert ist.

Die große Witwenrente/Witwerrente beträgt 55 % der Rente des verstorbenen Versicherten (bei „Altfällen" 60 %) (Rentenartfaktor § 67 SGB VI).

Wenn keine dieser Bedingungen erfüllt ist, besteht nur Anspruch auf die **kleine Witwenrente/Witwerrente**. Sie beträgt 25 % der Rente des Verstorbenen und wird nur für 2 Jahre gewährt.

Diese Regelungen beruhen auf einer Gesetzesänderung zum 01.01.2002. Für Ehepaare, die vor diesem Stichtag geheiratet haben oder bei denen der ältere Partner bereits 40 Jahre alt war, gelten günstigere Übergangsregelungen.

Waisenrente erhalten hinterbliebene Kinder nach dem Tode des Versicherten.

Die **Erziehungsrente** schließt eine Lücke im Versorgungssystem. Beispiel: Eine geschiedene Frau ist noch unter 65 Jahre alt. Ihr ehemaliger Mann stirbt. Damit entfällt der Unterhaltsanspruch. Wenn sie Kinder zu erziehen hat und deshalb einer Erwerbstätigkeit nicht nachgehen kann, erhält sie Erziehungsrente, wenn sie die allgemeine Wartezeit von fünf Jahren erfüllt hat. Eine Erziehungsrente wird nicht aus den Versicherungszeiten des verstorbenen geschiedenen Ehemannes errechnet, sondern aus den eigenen Versicherungsbeiträgen.

8.5.8 Rentenberechnung

Die Rente wird nach folgender Formel berechnet:

Rentenformel

Monatsrente = EP x Zf x Raf x aRw EP = (persönliche) Entgeltpunkte Zf = Zugangsfaktor Raf = Rentenartfaktor aRw = aktueller Rentenwert	Die Rentenformel ergibt die exakte Rentenhöhe sowohl bei einem neuen Rentenzugang wie auch bei den Bestandsrenten. Die durch die Änderung der Renten**anpassungs**formel beabsichtigte Absenkung des Rentenniveaus erfolgt über eine geringere Erhöhung des aktuellen Rentenwertes (aRw).

Die Rente soll das wegfallende Arbeitsentgelt ersetzen. Deshalb wird bei der Rentenberechnung das durchschnittlich bezogene Einkommen berücksichtigt, allerdings nur bezogen auf die Versicherungszeit. Dazu dient die Berechnung der persönlichen **Entgeltpunkte**. Wer genau so viel verdient wie der Durchschnitt aller Versicherten, erhält je Versicherungsjahr einen Entgeltpunkt. Wer mehr als der Durchschnitt verdient, erhält je Versicherungsjahr entsprechend mehr Punkte. Grundlage ist aber immer das beitragspflichtige Entgelt, das wegen der Beitragsbemessungsgrenze niedriger sein kann als das tatsächliche Entgelt. Das bewirkt, dass bei Einkommen, die über der Bemessungsgrenze liegen, die Sozialversicherungsrente allein das bisher erzielte Arbeitseinkommen nicht mehr ausreichend ersetzen kann.

Beispiel der Berechnung einer Regelaltersrente

Jürgen Albrecht hat 50 Versicherungsjahre zurückgelegt. In einem Teil dieser Zeit hat er mehr als der Durchschnitt der versicherungspflichtigen Arbeitnehmer verdient. Er erreicht 55 Entgeltpunkte.
Albrecht ist 65 Jahre alt. Er hat das Alter für die Regelaltersrente erreicht und beansprucht Rente. Damit ist weder ein Zuschlag zu berücksichtigen (weil er nicht freiwillig über die Grenze von 65 Jahren hinaus gearbeitet hat), noch ein Abschlag für einen früheren Rentenbeginn.
Der Zugangsfaktor beträgt 1,0.
Daraus ergeben sich 55 persönliche Entgeltpunkte ($55 \times 1,0$).
Bei Altersrenten beträgt der Rentenartfaktor 1,0. Bei einem aktuellen Rentenwert von 27,20 EUR errechnet sich für Jürgen Albrecht eine monatliche Rente von $55 \times 1,0 \times 27,20 = 1\ 496,00$ EUR.

Der **Zugangsfaktor** beträgt bei der Regelaltersrente grundsätzlich 1,0. Er bewirkt bei vorzeitigem Rentenbeginn eine Minderung der Altersrente und bei aufgeschobenem Rentenbeginn eine Erhöhung der Rente. Der Zugangsfaktor verringert sich z. B. um jeden Monat, um den der Rentenbeginn zeitlich vorgezogen wird, um 0,003 Punkte.

Der **Rentenartfaktor** berücksichtigt die Art der Rente. Bei Altersrenten und Erwerbsminderungsrenten beträgt er 1,0, d. h., die aus den Entgeltpunkten und dem aktuellen Rentenwert berechnete Rente wird zu 100 % ausgezahlt. Dabei gilt für die Erwerbsminderungsrente die unter 8.5.6 dargestellte Stundenstaffel.

Beispiel der Berechnung einer Witwenrente

Der Rentenartfaktor für Witwenrenten beträgt 0,55 bzw. 0,6. Beim Tod von Jürgen Albrecht erhält seine 58 Jahre alte Witwe eine Witwenrente von $0,6 \times 1\ 496,00 = 897,60$ EUR.

Der **aktuelle Rentenwert** ist der Betrag, der einer monatlichen Rente wegen Alters entspricht, die sich aus Beiträgen aufgrund eines Durchschnittsentgelts für ein Kalenderjahr ergibt. Er wird jährlich neu festgelegt und an die aktuelle Nettolohnentwicklung angepasst.

8.5.9 Finanzierung der Rentenversicherung

Die Beiträge der Versicherten werden nicht etwa angesammelt, um bei Eintreten des Versicherungsfalles ausgezahlt zu werden. Die jetzt arbeitende Generation entrichtet vielmehr Beiträge, die im gleichen Zeitraum als Rente an die nicht mehr arbeitende Generation ausgezahlt werden. Die Finanzierung der Renten erfolgt damit nach dem **Umlageprinzip.** Die jetzt arbeitende Generation muss sich darauf verlassen, dass die nachfolgende Generation willens und in der Lage ist, Beiträge zu zahlen, die zur Finanzierung der künftigen Renten der jetzt Erwerbstätigen ausreichen **(Generationenvertrag).**

Die demografische Entwicklung zeigt, dass sich das Verhältnis von Beitragszahlern zu Leistungsempfängern ständig verschlechtert. Heute kommen vier Erwerbstätige für einen Rentner auf, in 35 Jahren werden zwei Erwerbstätige die Kosten für einen Rentner zu tragen haben. Die **Finanzierung der Rentenversicherung** erfolgt nur noch zu ungefähr 75 % aus Beiträgen. Nur weil die Finanzierung zunehmend über Steuern erfolgt und die Leistungen eingeschränkt wurden, ist das umlagefinanzierte System noch nicht zusammengebrochen. Die Anpassung der Rentenhöhe an die demografische Entwicklung erfolgt über den in der Rentenformel enthaltenen **aktuellen Rentenwert.** Zu seiner jährlichen Festlegung wurde eine mathematisch komplizierte Rentenanpassungsformel entwickelt. Sie berücksichtigt folgende Faktoren:

- **Bruttolohnentwicklung**: Mit einer Steigerung der Bruttolöhne erhöht sich der aktuelle Rentenwert.
- **Riester-Faktor**: Zum Ausgleich der staatlichen Förderung der privaten Altersvorsorge bewirkt er eine Kürzung des Rentenanspruchs in der gesetzlichen Rentenversicherung.
- **Nachhaltigkeitsfaktor**: Ein von der Bruttolohnentwicklung vorgegebener Rentenanstieg wird gedämpft, wenn sich das Verhältnis der Beitragszahler zu den Rentnern verschlechtert.
- **Entwicklung der Beitragssätze**: Eine Steigerung der Beitragssätze bewirkt eine Senkung des Rentenanstiegs.

Bei Anwendung der Rentenanpassungsformel würde die Rentenhöhe sinken, wenn die Löhne sinken. Die Bundesregierung hat eine sogenannte **„Schutzklausel"** zur Rentenformel beschlossen, nach der die Renten niemals sinken dürfen. Zum Ausgleich sollen sich aus der Rentenformel später ergebende Rentenerhöhungen so lange halbiert werden, bis die unterbliebene Rentenkürzung wieder ausgeglichen ist.

8.5.10 Staatlich geförderte private Altersvorsorge

Schon aus demografischen Gründen ist zu erwarten, dass die Renten und Pensionen in Zukunft langsamer steigen. Damit im Alter keine Versorgungslücke eintritt, ist eine private Altersversorgung zweckmäßig oder sogar unerlässlich. Deshalb fördert der Staat die private Altersvorsorge. Die erste staatlich geförderte private Vorsorgeform war die Riester-Rente, ihr folgten die Rürup-Rente und die Eichel-Rente.

Für die **Riester-Rente** sind alle **pflichtversicherten Arbeitnehmer und Beamte** förderungsberechtigt. Die staatliche Förderung besteht in einer **Altersvorsorgezulage,** die als Grundzulage

(154,00 EUR pro Jahr) und als Kinderzulage (185,00 EUR pro Kind und Jahr) gewährt wird. Statt der Zulage kann auch der Abzug als Sonderausgabe gewählt werden. Um die Zulage zu erhalten, muss man einen bestimmten Mindest-Eigenbeitrag leisten (2008: 4 % der im vergangenen Kalenderjahr erzielten Einnahmen). Die monatliche Rente kann als Alters-, Invaliditäts- oder Hinterbliebenenrente ausgezahlt werden.

Gefördert werden nur Verträge, die von der Bundesanstalt für Finanzdienstleistungsaufsicht geprüft („zertifiziert") sind.

Eine private **Rürup-Rente** kann grundsätzlich jeder abschließen. Sie wird nicht durch Staatliche Zulagen, sondern nur durch Steuervorteile gefördert. Deshalb eignet sie sich besonders für Selbstständige und besser verdienende Arbeitnehmer. Im Versicherungsvertrag muss eine lebenslange Rente (Leibrente) für den Versicherten vereinbart sein. Nicht erlaubt ist eine Vereinbarung, dass bei Fälligkeit die Rente als Einmalbetrag (kapitalisiert) ausgezahlt wird. Die steuerliche Abzugsfähigkeit ist in der Höhe begrenzt. Die Ansprüche aus einem Rürup-Vertrag sind nicht vererbbar. Im Todesfall gehen die Angehörigen leer aus.

Die **Eichel-Förderung** betrifft die betriebliche Altersvorsorge durch Entgeltumwandlung.

8.6 Arbeitsförderung

8.6.1 Aufgaben der Arbeitsförderung

Die in SGB III geregelte Arbeitsförderung ist ein Kernstück der staatlichen Arbeitsmarktpolitik. Sie hat die Aufgabe, im Rahmen der allgemeinen staatlichen Wirtschafts- und Sozialpolitik dazu beizutragen (§ 1 SGB III),

- einen hohen Beschäftigungsgrad zu erreichen,
- die Beschäftigungsstruktur ständig zu verbessern,
- das Entstehen von Arbeitslosigkeit zu vermeiden oder die Dauer von Arbeitslosigkeit zu verkürzen.

Die Erhaltung und Schaffung von wettbewerbsfähigen Arbeitsplätzen darf durch den Einsatz von Leistungen der Arbeitsförderung nicht gefährdet werden.

8.6.2 Gesetzliche Grundlagen und Träger der Arbeitsförderung

Gesetzliche Grundlage der Arbeitsförderung sind das SGB I und das SGB III. Die Erfüllung der Aufgaben der Arbeitsförderung ist der **Bundesagentur für Arbeit** in Nürnberg zugewiesen.

Die **Bundesagentur für Arbeit** gliedert sich nach § 367 Abs. 2 SGB III in

- **eine Zentrale** auf der oberen Verwaltungsebene,
- **Regionaldirektionen** auf der mittleren Verwaltungsebene und
- **Agenturen für Arbeit** auf der örtlichen Verwaltungsebene.

Die Bundesagentur für Arbeit ist eine rechtsfähige bundesunmittelbare Körperschaft des öffentlichen Rechts mit Selbstverwaltung (§ 367 SGB III). Selbstverwaltungsorgane gibt es nur noch in der Zentrale in Nürnberg und bei jeder Agentur für Arbeit. In den Regionaldirektionen (früher: Landesarbeitsämter) gibt es keine Selbstverwaltung mehr.

Selbstverwaltungsorgan bei der Zentrale in Nürnberg ist der **Verwaltungsrat**. Er überwacht den Vorstand und die Verwaltung. Vom Vorstand kann er Auskunft über die Geschäftsführung verlangen.

Bei der Agentur für Arbeit überwacht und berät der **Verwaltungsausschuss** die Agentur bei der Erfüllung ihrer Aufgaben.

Die Selbstverwaltungsorgane setzen sich zu je einem Drittel aus Vertretern der Arbeitnehmer, der Arbeitgeber sowie der öffentlichen Körperschaften zusammen.

8.6.3 Geschützter Personenkreis und Versicherungspflicht

Maßnahmen der Arbeitsförderung beziehen sich grundsätzlich auf alle Personen, die eine abhängige Beschäftigung ausgeübt haben oder künftig ausüben wollen. Nur die Entgeltersatzleistungen bei Arbeitslosigkeit setzen eine Zugehörigkeit zur Solidargemeinschaft der Beitragszahler zur Arbeitslosenversicherung voraus.

Versicherungspflichtig in der Arbeitslosenversicherung sind alle Arbeitnehmer (§ 25 SGB III) und die zu ihrer Berufsausbildung Beschäftigten (Auszubildende).

Versicherungsfrei sind u. a. Beamte, Richter (§ 27 SGB III) und Arbeitnehmer, die das Lebensjahr für den Anspruch auf Regelaltersgrenze vollendet haben (§ 28 SGB III). Auch geringfügig Beschäftigte sind in der Arbeitslosenversicherung versicherungsfrei (§ 27 Abs. 2 SGB III), nicht jedoch in der gesetzlichen Kranken- und der gesetzlichen Rentenversicherung.

8.6.4 Bereiche der Arbeitsförderung

Die Arbeitsförderung umfasst folgende Bereiche:
- Beratung (§§ 29 ff. SGB III),
  Beispiel: Berufsberatung und Eignungsfeststellung für Rat suchende Jugendliche.
- Vermittlung (§ 35 ff. SGB III),
  Die Agentur für Arbeit kann mit erlaubt tätigen Verleihern Verträge abschließen, die damit berechtigt werden, Arbeitslose einzustellen und zeitlich befristet an Unternehmen zu verleihen (§ 37 c SGB III). Eine damit gegründete Stelle wird als **Personal-Service-Agentur** (PSA) bezeichnet. Der Unternehmer hat den Vorteil, dass er den Leiharbeiter beschäftigen kann, ohne dass er zunächst einen langfristigen Arbeitsvertrag mit ihm abschließt. Der Arbeitsuchende hat den Vorteil, dass er seine Fähigkeiten unter Beweis stellen kann und damit die Chance auf eine langfristige Einstellung erhöht. Die Einstellung von Arbeitslosen wird von der Bundesagentur durch Fallpauschalen gefördert.
  Zunächst hatte im Rahmen der Agenda 2010 jede Agentur für Arbeit die Einrichtung einer PSA sicherzustellen. Seit Januar 2006 entfiel diese Verpflichtung, weil in der Praxis diese Einrichtung nicht den erhofften Erfolg brachte. Den Arbeitsagenturen ist es jetzt freigestellt, diese Einrichtung zu nutzen oder nicht. Bei der Beurteilung des Vermittlungserfolgs ist aber zu bedenken, dass sich die Tätigkeit einer PSA auf von der Arbeitsagentur vorgeschlagene, oft leistungsgeminderte Arbeitsuchende beschränkt.
- Förderung der Aufnahme einer selbstständigen Tätigkeit (§ 57 f. SGB III),
  Beispiel: Gründungszuschuss für die Dauer von 6 Monaten in Höhe des Betrages, den der Arbeitnehmer zuletzt als Arbeitslosengeld bezogen hat, zuzüglich monatlich 300,00 EUR. Verlängerungsmöglichkeit um 9 Monate mit einem monatlichen Gründungszuschuss von 300,00 EUR (§ 58 SGB III).
- Förderung der Berufsausbildung (§ 59ff. SGB III),
  Beispiel: Gewährung einer Berufsausbildungsbeihilfe (§ 59 SGB III).

- Förderung der beruflichen Weiterbildung (§ 77ff. SGB III),
  Beispiel: Übernahme der Weiterbildungskosten und Leistung von Unterhaltsgeld (§ 77 SGB III).
- Förderung der Teilhabe behinderter Menschen am Arbeitsleben (§ 97ff. SGB III),
  Beispiel: Förderung von besonderen Berufsausbildungsmaßnahmen, die die Schwere der Behinderung berücksichtigen.
- Entgeltersatzleistungen (§ 116 ff. SGB III).

Die Arbeitslosenversicherung ist damit ein Teilgebiet der Arbeitsförderung (siehe 8.6.5).

8.6.5 Entgeltersatzleistungen

8.6.5.1 Arten der Leistung

Nach § 116 SGB III gewährt die Bundesagentur für Arbeit folgende Leistungen:
- **Arbeitslosengeld I** bei Arbeitslosigkeit und beruflicher Weiterbildung,
- **Teilarbeitslosengeld** bei Teilarbeitslosigkeit,
- **Übergangsgeld** für Behinderte bei Teilnahme an Maßnahmen der beruflichen Eingliederung von behinderten Menschen,
- **Kurzarbeitergeld** für Arbeitslose, die infolge eines Arbeitsausfalls einen Entgeltausfall haben,
- **Insolvenzgeld** für Arbeitnehmer, die wegen Zahlungsunfähigkeit des Arbeitgebers kein Arbeitsentgelt erhalten,
- Das Winterausfallgeld wurde durch das sog. **Saison-Kurzarbeitergeld** ersetzt.

Die frühere Arbeitslosenhilfe wurde durch das Arbeitslosengeld II ersetzt (s. 8.7).

8.6.5.2 Arbeitslosengeld I

Voraussetzungen

Anspruch auf Arbeitslosengeld I haben Arbeitnehmer, die arbeitslos sind und die Anwartschaftszeit erfüllt haben (§ 118 SGB III).

Arbeitslos ist ein Arbeitnehmer, der gemäß § 119 SGB III
- nicht in einem Beschäftigungsverhältnis steht **(Beschäftigungslosigkeit)**,
- sich bemüht, seine Beschäftigungslosigkeit zu beenden **(Eigenbemühungen)**,
- den Vermittlungsbemühungen der Agentur für Arbeit zur Verfügung steht **(Verfügbarkeit)**.

Die **Anwartschaftszeit** hat erfüllt, wer in der Rahmenfrist von zwei Jahren mindestens 12 Monate in einem Versicherungspflichtverhältnis gestanden hat (§§ 123, 124 SGB III).

Höhe und Dauer der Zahlung des Arbeitslosengeldes I

Die **Höhe des Arbeitslosengeldes** beträgt für einen Arbeitslosen, der mindestens ein nach dem EStG zu berücksichtigendes Kind hat, 67 %, für einen kinderlosen Berechtigten 60 % des pauschalierten Nettoentgelts (§ 129 SGB III). Das pauschalierte Nettoentgelt ergibt sich als Durchschnitt aus den Entgeltabrechnungen für die letzten 52 Wochen der versicherungspflichtigen Beschäftigung.

Hat der Arbeitslose während der Zeit des Bezugs von Arbeitslosengeld ein Einkommen aus Erwerbstätigkeit erzielt, wird das Einkommen nach Abzug von Steuern, Sozialversicherungsbeiträgen und Werbungskosten sowie einem Freibetrag von 165,00 EUR auf das Arbeitslosengeld angerechnet (§ 141 SGB III).

Die Beiträge zur Sozialversicherung werden von der Bundesagentur für Arbeit bezahlt. Vom Arbeitslosengeld müssen keine Steuern abgeführt werden.

Die **Dauer der Zahlung** des Arbeitslosengeldes I richtet sich nach der Dauer des pflichtversicherten Arbeitsverhältnisses, das vor dem Eintreten der Arbeitslosigkeit bestand. Ab 30 Beschäftigungsmonaten wird auch das Lebensalter berücksichtigt (§ 127 Abs. 2 SGB III).

Die Dauer des Anspruchs auf Arbeitslosengeld I beträgt:

nach Versicherungspflichtverhältnissen mit einer Dauer von insgesamt mindestens ... Monaten	und nach Vollendung des ... Lebensjahres	... Monate
12		6
16		8
20		10
24		12
30	50.	15
36	55.	18
48	58.	24

Sperrzeiten

Der Anspruch auf Arbeitslosengeld I erlischt für eine bestimmte Zeit, wenn der Arbeitslose einen Grund für den Eintritt von Sperrzeiten gegeben hat. Eine Sperrzeit wird von der Agentur für Arbeit verhängt (§ 144 SGB III), wenn

- der Arbeitslose die **Arbeitslosigkeit vorsätzlich oder grob fahrlässig herbeigeführt** hat, z. B. wenn er ohne wichtigen Grund selbst gekündigt hat oder durch vertragswidriges Verhalten die Kündigung durch den Arbeitgeber herbeigeführt hat,
- er sich geweigert hat, an einer beruflichen Weiterbildungsmaßnahme teilzunehmen,
- er eine von der Agentur für Arbeit **angebotene zumutbare Stelle nicht angetreten** oder das Zustandekommen eines Vorstellungsgesprächs durch sein Verhalten verhindert hat. Arbeitslosenhilfe und Sozialhilfe wurden ab dem Jahr 2005 zum Arbeitslosengeld II auf Sozialhilfeniveau zusammengelegt. Von diesem Zeitpunkt an gelten auch die neuen Zumutbarkeitsregelungen. Langzeitarbeitslosen ist dann jeder legale Job zumutbar, auch wenn er untertariflich oder unter ortsüblichem Niveau bezahlt wird.

Während der Sperrzeit erhält der Betroffene kein Arbeitslosengeld und es werden keine Beiträge zur Kranken-, Pflege- und Rentenversicherung bezahlt. Die Sperrzeit wird auf die Bezugsdauer angerechnet.

8.6.5.3 Kurzarbeitergeld (§§ 169 bis 182 SGB III)

Anspruch auf Kurzarbeitergeld haben Arbeitnehmer, wenn
- ein erheblicher Arbeitsausfall mit Entgeltausfall besteht,
- die betrieblichen und persönlichen Voraussetzungen erfüllt sind und
- der Arbeitsausfall der Agentur für Arbeit schriftlich vom Arbeitgeber oder von der Betriebsvertretung angezeigt worden ist.

Ein **erheblicher Arbeitsausfall** liegt vor, wenn er auf wirtschaftlichen Gründen oder einem unabwendbaren Ereignis beruht, vorübergehend und nicht vermeidbar ist und im jeweiligen

Kalendermonat mindestens ein Drittel der beschäftigten Arbeitnehmer von einem Entgeltausfall von mehr als 10 % ihres monatlichen Entgelts betroffen ist.

Durch Kurzarbeitergeld sollen den Arbeitnehmern ihre Arbeitsplätze und den Betrieben ihre eingearbeiteten Arbeitskräfte erhalten bleiben.

Die **Höhe des Kurzarbeitergeldes** beträgt für einen Berechtigten, der mindestens ein nach dem EStG zu berücksichtigendes Kind hat, 67 %, für einen kinderlosen Berechtigten 60 % der Nettoentgeltdifferenz im Anspruchszeitraum.

Die Bezugsfrist für Kurzarbeitergeld beträgt grundsätzlich 6 Monate (§ 177 SGB III).

8.6.5.4 Insolvenzgeld (§§ 183 bis 189 SGB III)

Arbeitnehmer haben bei Eröffnung des Insolvenzverfahrens über das Vermögen ihres Arbeitgebers Anspruch auf Ausgleich ihres ausgefallenen Arbeitsentgelts. Mit dem Insolvenzgeld wird das rückständige Arbeitsentgelt höchstens für die letzten drei Monate vor Eröffnung des Insolvenzverfahrens ersetzt. Das Insolvenzgeld wird von der zuständigen Agentur für Arbeit auf Antrag gewährt. Die Agentur für Arbeit führt auch die rückständigen Sozialversicherungsbeiträge ab.

8.6.6 Finanzierung der Bundesagentur für Arbeit

Der größte Teil der Ausgaben der Bundesagentur für Arbeit wird durch Beiträge finanziert. Die Beiträge zur Arbeitslosenversicherung werden von Arbeitnehmern und Arbeitgebern je zur Hälfte getragen. Es gilt die gleiche Beitragsbemessungsgrenze wie in der Rentenversicherung.

Einige Leistungen der Arbeitsförderung werden nicht durch Beiträge finanziert: Die Aufbringung der Mittel für das Saison-Kurzarbeitergeld erfolgt durch Umlage. Auch das Insolvenzgeld wird über eine Umlage finanziert. Die Kosten der Arbeitslosenhilfe (seit 2005 Arbeitslosengeld II) trägt der Bund.

Der Bund beteiligt sich an den Kosten der Arbeitsförderung, 2009 mit 7,777 Milliarden EUR. Seit dem Kalenderjahr 2010 verändert sich der Beitrag auf der Basis der Veränderung der Einnahmen aus den Steuern vom Umsatz (§ 363 SGB III). Außerdem hat der Bund bei Bedarf Liquiditätshilfen als zinsloses Darlehen zu gewähren (§ 364 SGB III).

8.7 Grundsicherung

8.7.1 Zweck der Grundsicherung

Der Zweck der Grundsicherung besteht darin, allen hilfsbedürftigen Menschen Anspruch auf eine bedarfsorientierte soziale Leistung zu gewähren, die den grundlegenden Bedarf für den Lebensunterhalt sicherstellt. Der Gesetzgeber hatte zunächst ein eigenständiges Grundsicherungsgesetz verabschiedet, diese Regelungen dann aber 2005 für endgültig aus dem Erwerbsleben ausgeschiedene Menschen in das Sozialgesetzbuch XII übernommen.

Es gibt zwei Gruppen mit Anspruch auf Grundsicherung:
- Grundsicherung für Arbeitsuchende (Arbeitslosengeld II, Hartz IV, SGB II),
- Grundsicherung im Alter und wegen Erwerbsminderung (SGB XII).

Alle Leistungen zur Grundsicherung werden aus Steuermitteln erbracht, d. h., sie beruhen nicht auf Versicherungsleistungen. Voraussetzung ist die Hilfsbedürftigkeit. Trotzdem unterscheidet sich die Grundsicherung vor allem dadurch noch von der Sozialhilfe, dass **Unterhaltsansprüche gegenüber Kindern und Eltern bei der Überprüfung der Hilfsbedürftigkeit nicht berücksichtigt werden.** Es wird grundsätzlich vermutet, dass Eltern und Kinder kein Jahreseinkommen über 100 000,00 EUR haben. Wie bei der Sozialhilfe wird aber eigenes Einkommen und Vermögen angerechnet, da Leistungen zur Grundsicherung nur Bedürftige bekommen sollen, die ihren Lebensunterhalt nicht vollständig aus eigenen Mitteln bestreiten können.

8.7.2 Grundsicherung für Arbeitsuchende: Arbeitslosengeld II

Anspruch auf Leistungen der Grundsicherung für Arbeitsuchende haben gem. § 7 SGB II Personen, die
- über 15 Jahre alt sind und die Grenze der Regelaltersgrenze noch nicht erreicht haben,
- erwerbsfähig und
- hilfsbedürftig sind

und ihren gewöhnlichen Aufenthalt in der Bundesrepublik Deutschland haben. Es sind vor allem Menschen, die keinen Anspruch auf Arbeitslosengeld I haben oder deren Anspruch bereits erloschen ist.

Erwerbsfähig ist, wer unter den üblichen Bedingungen des Arbeitsmarktes noch mindestens 3 Stunden täglich arbeiten kann (§ 8 SGB II).

Hilfsbedürftig ist, wer weder durch Aufnahme zumutbarer Arbeit noch aus anrechenbarem Einkommen oder Vermögen seinen Lebensunterhalt sichern kann.

Zumutbar ist jede legale Arbeit, auch wenn sie nicht der Ausbildung des Arbeitsuchenden oder seiner früheren beruflichen Tätigkeit entspricht (§ 10 SGB II).

Die Höhe des Arbeitslosengeldes II richtet sich nicht nach der Höhe des früheren Arbeitseinkommens, sondern nach der Bedarfssituation. Nach SGB II werden Leistungen gewährt als Dienstleistungen, vor allem als Beratung und Information mit dem Ziel der Eingliederung in Arbeit und als Geldleistungen zur Sicherung des Lebensunterhalts.

Die Leistungen werden auf Antrag erbracht und erst ab dem Tag der Antragstellung zeitlich unbegrenzt bezahlt.

Mit der Hartz-IV-Reform wurde vorgegeben, dass die regionalen Arbeitsagenturen mit den kommunalen Sozialämtern in gemeinsamen Einrichtungen zusammenarbeiten sollen. Es entstanden die sogenannten Jobcenter. Im Dezember 2007 hat das Bundesverfassungsgericht auf Antrag von 11 Landkreisen entschieden, dass diese Zusammenlegung gegen das Grundgesetz verstößt. Die Landkreise hatten sich über die damit verbundene hohe finanzielle Belastung und die Einschränkung ihrer kommunalen Selbstverwaltung beschwert. Die Bundesregierung hat für die notwendige Neuregelung drei Jahre Zeit. Das Arbeitslosengeld II kann gekürzt oder gar entzogen werden, wenn der Empfänger eine zumutbare Arbeit nicht annimmt oder sich nicht im ausreichenden Umfang selbst um Arbeit bemüht (§ 31 SGB II).

Ist ein hilfsbedürftiger Arbeitsuchender erwerbstätig, dann erhält er auch als Bezieher von Arbeitslosengeld II einen nach der Höhe seines Einkommens unterschiedlichen Prozentsatz seines Einkommens als **Freibetrag**, den er behalten darf (§ 30 SGB II).

Alle Bezieher von Arbeitslosengeld II sind kranken-, pflege- und rentenversichert. Die Beiträge werden vom Bund getragen.

Nicht erwerbsfähige Angehörige, die mit dem Empfänger von Arbeitslosengeld II in einem Haushalt leben, erhalten **Sozialgeld** (§ 28 SGB II).

Eckregelsätze für Grundsicherung und Sozialhilfe (seit Januar 2012)	
• für Alleinstehende, Alleinerziehende oder Personen, deren Partner minderjährig sind	374,00 EUR
• jeweils für zwei in einem gemeinsamen Haushalt lebende Partner	337,00 EUR
• für Kinder zwischen 14 und 18 Jahren	287,00 EUR
• für Kinder zwischen 6 und 13 Jahren	251,00 EUR
• für Kinder bis zur Vollendung des 6. Lebensjahres	219,00 EUR
Diese Regelsätze betreffen die Leistungen in der Grundsicherung für Arbeitsuchende, der Grundsicherung im Alter und bei Erwerbsminderung sowie für Sozialhilfeempfänger. Hinzu kommen Leistungen für tatsächliche und angemessene Aufwendungen für Miete und Heizung (§ 22 SGB II).	

8.7.3 Grundsicherung im Alter und bei Erwerbsminderung

Im Jahre 2005 wurden die Regelungen zur Grundsicherung im Alter und bei Erwerbsminderung in das Sozialhilfegesetz (SGB XII) aufgenommen.

Anspruchsberechtigt sind hilfebedürftige Menschen, die

- die Regelaltersgrenze erreicht haben (§ 41 SGB XII),
- über 18 Jahre alt und dauerhaft voll erwerbsgemindert sind.

Die Anspruchsberechtigten sind Menschen, die wegen Alters oder fehlender Erwerbsfähigkeit endgültig aus dem Erwerbsleben ausgeschieden sind.

Die Leistungen entsprechen der Sozialhilfe zum notwendigen Lebensunterhalt und gelten als Leistungen der Sozialhilfe. Trotzdem gibt es wesentliche Unterschiede zur Sozialhilfe zum Lebensunterhalt.

Im Gegensatz zur Sozialhilfe beginnen die Leistungen erst mit der Stellung eines Antrags. Eltern und Kinder müssen keinen Beitrag zum Unterhalt leisten, wenn ihr Einkommen jährlich weniger als 100 000,00 EUR beträgt.

8.8 Die Unfallversicherung

8.8.1 Aufgaben der gesetzlichen Unfallversicherung

Aufgabe der gesetzlichen Unfallversicherung ist es,

- **Arbeitsunfälle und Berufskrankheiten** sowie arbeitsbedingte Gesundheitsgefahren **zu verhüten** (Präventionsauftrag der Unfallversicherung),
- **nach Eintritt eines Arbeitsunfalls** oder einer Berufskrankheit die Gesundheit und die Leistungsfähigkeit des Versicherten wiederherzustellen und ihn oder seine Hinterbliebenen durch Geldleistungen **zu entschädigen**.

Als Arbeitsunfall gilt auch ein Unfall auf dem Weg zwischen der Wohnung und dem Beschäftigungsort. In keinem anderen Zweig der Sozialversicherung spielt die Vorsorge zur Verhinderung von Schadensfällen eine so große Rolle wie bei der Unfallversicherung. Andererseits stellt die Unfallversicherung auch eine Art Haftpflichtversicherung der Unternehmer dar. Bei Arbeitsunfällen übernimmt die gesetzliche Unfallversicherung alle Entschädigungsansprüche, die ein Arbeitnehmer gegen seinen Arbeitgeber vorbringen könnte.

> **Betriebsunfall eines Kraftfahrzeugmechanikers**
> Ein Kraftfahrzeugmechaniker fährt nach ausgeführter Reparatur den Wagen eines Kunden zur Probe. Nach kurzer Zeit versagen die Bremsen, sodass ein Zusammenstoß mit einem anderen Pkw nicht mehr vermieden werden kann. Der Kraftfahrzeugmechaniker ist Opfer einer betriebsbedingten Gefahr geworden. Zuständig für die Regulierung des Gesundheitsschadens ist die gesetzliche Unfallversicherung.

8.8.2 Gesetzliche Grundlagen und Träger der gesetzlichen Unfallversicherung

Das Recht der gesetzlichen Unfallversicherung ist im Sozialgesetzbuch, Siebtes Buch (SGB VII) geregelt. Daneben gelten die allgemeinen Regelungen des Sozialgesetzbuches.

Träger der Unfallversicherung sind

- die gewerblichen Berufsgenossenschaften,
- die landwirtschaftlichen Berufsgenossenschaften und die Berufsgenossenschaft für den Gartenbau,
- die Eigenunfallversicherungsträger (Bund, Bundesagentur für Arbeit, Länder, Gemeinden, Gemeindeverbände, Gemeindeunfallversicherungsverbände und die Feuerwehr-Unfallkasse).

> **Träger der Unfallversicherung – Beispiel: Kreditwirtschaft**
> Für Kreditinstitute (Banken und Sparkassen) ist die Verwaltungs-Berufsgenossenschaft sachlich zuständig. Sie führt den Namen „Berufsgenossenschaft der Banken, Versicherungen, Verwaltungen, freien Berufe und besonderer Unternehmen – Verwaltungs-Berufsgenossenschaft" und hat ihren Sitz in Hamburg. Ihre örtliche Zuständigkeit erstreckt sich auf die Bundesrepublik Deutschland.

8.8.3 Versicherte

Jeder aufgrund eines **Arbeits-, Dienst- oder Ausbildungsverhältnisses Beschäftigte** ist in der gesetzlichen Unfallversicherung versichert. Dies gilt unabhängig davon, wie hoch das Einkommen ist. Auch wer nur vorübergehend oder nur geringfügig beschäftigt ist, ist kraft Gesetzes in den Schutz der gesetzlichen Unfallversicherung einbezogen (§ 2 SGB VII).

Außerdem fallen unter den Schutz der gesetzlichen Unfallversicherung Personen, die im **Interesse des Gemeinwohls** tätig sind (z. B. bei Rettungsmaßnahmen), ferner Kinder während des Besuchs des Kindergartens, Schüler und Studenten während des Schul- oder Hochschulbesuchs.

8.8.4 Leistungen der Unfallversicherung

Nach Eintritt eines Versicherungsfalls (Arbeitsunfall, Berufskrankheit) erbringt die gesetzliche Unfallversicherung vor allem folgende Leistungen (§ 26ff. SGB VII):

- Heilbehandlung, d. h. ärztliche und zahnärztliche Behandlung, Arzneimittel, häusliche Krankenpflege, Behandlung in Krankenhäusern,
- berufsfördernde Leistungen zur Rehabilitation,
- Leistungen zur sozialen Rehabilitation,
- Leistungen bei Pflegebedürftigkeit,
- Geldleistungen während der Heilbehandlung und der beruflichen Rehabilitation,
- Rentenzahlung an den Versicherten,
- Sterbegeld,
- Leistungen an Hinterbliebene (Witwen- und Witwerrente, Waisenrente).

8.8.5 Finanzierung der gesetzlichen Unfallversicherung

Die Mittel zur Deckung der Aufwendungen der Berufsgenossenschaft werden ausschließlich durch Beiträge der Unternehmer aufgebracht. Die Arbeitnehmer zahlen keinen Beitrag. **Mitglied** in der Berufsgenossenschaft sind die **Unternehmer, versichert** sind aber die **Arbeitnehmer.**

Berechnungsgrundlagen für die Beiträge sind der Finanzbedarf, die Arbeitsentgelte der Versicherten und die Gefahrklassen (§ 153 Abs. 1 SGB VII). Die Beiträge werden von der Berufsgenossenschaft jährlich durch eine Umlage erhoben.

8.9 Die Sozialhilfe

8.9.1 Aufgabe der Sozialhilfe

Aufgabe der Sozialhilfe ist es, dem Empfänger die Führung eines Lebens zu ermöglichen, das der Würde des Menschen entpricht (§ 1 SGB XII). Die **Sozialhilfe** soll dem Bedarf entsprechen, die Menschen zur Selbsthilfe befähigen, ihnen die Teilnahme am Leben in der Gemeinschaft ermöglichen und die Führung eines menschenwürdigen Lebens sichern.

> **Sozialhilfe: Das Netz unter dem Netz**
> Ein Rentner wird als Pflegebedürftiger der Stufe 3 in ein Pflegeheim aufgenommen. Seine Rente reicht auch zusammen mit den Leistungen der Pflegekasse nicht aus, die Kosten des Pflegeheims in Höhe von monatlich 3 000,00 EUR zu bezahlen.
> Die Differenz wird von der Sozialhilfe übernommen.

Dem Sozialhilfe- oder Fürsorgeprinzip liegt der Gedanke zugrunde, dass die Gemeinschaft das Schicksal der in Not geratenen Menschen mitträgt. Der Hilfsbedürftige wird unterstützt, auch ohne dass er Beiträge zu einer Versicherung geleistet hat. Dazu war er oft gar nicht in der Lage.

Anspruch auf Sozialhilfe entsteht auch ohne besonderen Antrag. Die Sozialleistung ist von dem zuständigen Amt zu erbringen, sobald dort die Notlage bekannt wird. Da für erwerbsfähige Arbeitslose und für ältere und dauerhaft erwerbsunfähige Menschen besondere Regelungen bestehen, ist die Sozialhilfe zum Lebensunterhalt überwiegend zuständig für **vorübergehend erwerbsunfähige Menschen,** die noch nicht endgültig aus dem Erwerbsleben ausgeschieden sind (längerfristig Erkrankte oder Kinder, die das erwerbsfähige Alter noch gar nicht erreicht haben), sowie für Rentner, die **vorzeitig** in Ruhestand gegangen sind und deshalb eine niedrige Rente beziehen, sodass deren Rente auf den Grundsicherungsbedarf aufgestockt werden muss.

Bei der Gewährung von Sozialhilfe werden alle Einkünfte des hilfsbedürftigen Menschen angerechnet (§ 82 SGB XII). Es wird geprüft, ob Eltern oder Kinder einen Beitrag zur Unterstützung leisten können. Auch muss das gesamte Vermögen des Betroffenen eingesetzt werden, bevor Unterstützung gewährt wird.

Der Hilfsbedürftige hat Anspruch auf Sozialhilfe unabhängig davon, auf welche Ursache die Hilfsbedürftigkeit zurückgeht. Keinen Anspruch auf Sozialhilfe hat, wer sich selbst helfen kann oder die erforderliche Hilfe von anderer Seite erhält (insbesondere von Angehörigen oder von Trägern anderer Sozialleistungen). Unterhaltsansprüche gegenüber Eltern und Kindern bleiben unberücksichtigt, sofern deren jährliches Gesamteinkommen unter 100 000,00 EUR liegt (§ 43 SGB XII).

Wer in eine Notlage geraten ist, muss zuerst sein Einkommen, sein Vermögen und seine Arbeitskraft einsetzen, um die Notlage abzuwenden. Dabei werden tatsächliche Leistungen Dritter angerechnet, auch wenn diese aus freien Stücken erbracht werden. Damit wird der Grundsatz der **Nachrangigkeit der Sozialhilfe (Subsidiaritätsprinzip)** deutlich.

8.9.2 Träger der Sozialhilfe

Die Sozialhilfe wird von örtlichen und überörtlichen Trägern gewährt. Örtliche Träger sind die **kreisfreien Städte und die Landkreise** (§ 3 SGB XII). Für die Abwicklung der Sozialhilfe sind dort Sozialämter eingerichtet. Überörtliche Träger werden von den Ländern bestimmt (z. B. Landeswohlfahrtsverbände). Für erwerbsfähige Hilfsbedürftige ist nach SGB II die Bundesagentur für Arbeit zuständig. Diese Menschen erhalten Arbeitslosengeld II.

8.9.3 Leistungen der Sozialhilfe

Die Sozialhilfe umfasst (§ 8 SGB XII)
- Hilfe zum Lebensunterhalt,
- Grundsicherung im Alter und bei Erwerbsminderung,
- Hilfen zur Gesundheit,
- Eingliederungshilfe für behinderte Menschen,
- Hilfe zur Pflege,
- Hilfe zur Überwindung besonderer sozialer Schwierigkeiten,
- Hilfen in anderen Lebenslagen.

Grundsicherung (im Alter und bei Erwerbsminderung, siehe 8.7.3)

Hilfe bei Krankheit umfasst vor allem Leistungen zur Krankenbehandlung.

Eingliederungshilfen für behinderte Menschen können z. B. in der Hilfe zu einer angemessenen Schulbildung oder zur Ausbildung für eine angemessene Tätigkeit bestehen.

Pflegebedürftige Personen erhalten Pflegegeld.

Leistungen zur **Überwindung besonderer sozialer Schwierigkeiten** können z. B. in Maßnahmen zur Erhaltung oder Beschaffung einer Wohnung bestehen.

Andere Leistungen sind z. B. die Ausstattung eines behinderten Menschen mit behinderungsgerechten Hilfsmitteln (Blindenschreibmaschine, Treppenlift).

Die Leistungen werden als Dienstleistung, Sachleistung oder Geldleistung erbracht (§ 10 SGB XII). Die Geldleistung hat Vorrang vor der Sachleistung. Statt der Sachleistung können auch Gutscheine ausgegeben werden.

Zu den Leistungen der Sozialhilfe gehören die Beiträge zur Kranken- und Pflegeversicherung (§ 32 SGB XII). Die Leistungen für eine angemessene Altersvorsorge **können** von der Sozialhilfe übernommen werden (§ 33 SGB XII).

8.10 Die Betriebsrente[1]

8.10.1 Formen der betrieblichen Altersversorgung

Die betriebliche Altersversorgung gibt es in fünf Formen (§ 1b Abs. 2–4 Betriebsrentengesetz – BetrAVG):

- Direktzusage,
- Unterstützungskasse,
- Pensionskasse,
- Direktversicherung,
- Pensionsfonds.

8.10.2 Die Direktzusage

Bei der Direktzusage (Pensionszusage) verpflichtet sich der Arbeitgeber, dem Arbeitnehmer oder dessen Hinterbliebenen bei Eintritt des Versorgungsfalls eine zuvor vereinbarte Leistung zu gewähren. In der Regel wird die Leistung allein vom Unternehmen finanziert. Dafür sind keine Sozialabgaben zu leisten.

Arbeitgeber und Arbeitnehmer können sich aber auch einigen, dass Teile des Gehalts zur Finanzierung der Pensionsleistung verwendet werden (Entgeltumwandlung).

Die Unternehmen bilden zur Deckung der eingegangenen Rentenverpflichtung Pensionsrückstellungen, deren Zuführung den steuerlichen Gewinn reduzieren. Meist schließen die Unternehmen Rückdeckungsversicherungen ab. Eine Rückdeckungsversicherung ist eine Lebensversicherung, die vom Arbeitgeber auf das Leben des aus der Pensionszusage berechtigten Arbeitnehmers abgeschlossen wird und aus der allein der Arbeitgeber bezugsberechtigt ist. Bei der Direktzusage ist die Riester-Förderung nicht möglich.

---

[1] Eine Übersicht über die Formen der betrieblichen Altersversorgung befindet sich auf den Seiten 132 und 133.

8.10.3 Die Unterstützungskasse

Unterstützungskassen sind eigenständige, rechtsfähige Versorgungseinrichtungen, meist eingetragene Vereine. Finanziert werden sie durch Leistungen der Unternehmen, durch Erträge des angelegten Kapitals oder durch Entgeltumwandlung. Das Vermögen der Unterstützungskasse gilt nicht als Betriebsvermögen.

Die Leistungen der Unternehmen sind in unbegrenzter Höhe steuer- und sozialabgabefrei.

Die Versorgungsleistung wird von der Unterstützungskasse gewährt. Den Rechtsanspruch auf Leistung hat der Arbeitnehmer jedoch gegenüber dem zusagenden Arbeitgeber.

Unterstützungskassen sind in der Art ihrer Anlagen frei. Sie können die Finanzmittel, die zur Deckung der Rentenverpflichtung gehalten werden, auch an das eigene Trägerunternehmen ausleihen. Deshalb bevorzugen viele Unternehmen diese Form für die betriebliche Altersversorgung. Wie bei der Direktzusage ist auch bei der Unterstützungskasse die Riester-Förderung nicht möglich.

8.10.4 Die Pensionskasse

Alle Pensionskassen sind – meist kleinere – Versicherungsvereine aG, die als eigene Lebensversicherungsunternehmen tätig sind. Die Ansprüche der Mitarbeiter aus einer entsprechenden Zusage des Arbeitgebers richten sich nicht an den Arbeitgeber, sondern an die Pensionskasse. Für die Anlage ihrer Gelder gelten strenge Vorschriften, deren Befolgung durch die Bundesanstalt für Finanzdienstleistungsaufsicht (BaFin) überwacht wird.

Pensionskassen organisieren die betriebliche Altersversorgung meist nur für ein Unternehmen, es sind „geschlossene" Pensionskassen. Im Gegensatz zu den „offenen" Lebensversicherungsunternehmen müssen sie keine Gewinne für Anteilseigner erwirtschaften.

Vom Arbeitgeber gezahlte Beiträge sind bis zu vier Prozent der Beitragsbemessungsgrenze in der gesetzlichen Rentenversicherung steuerfrei. Sozialversicherungsfrei sind in dieser Höhe Beiträge, unabhängig davon ob sie vom Arbeitgeber oder vom Arbeitnehmer gezahlt werden.

8.10.5 Die Direktversicherung

Bei der Direktversicherung schließt der Arbeitgeber als Versicherungsnehmer bei einer Versicherungsgesellschaft für einen oder mehrere Arbeitnehmer eine Lebensversicherung ab. Der Arbeitnehmer hat einen direkten Anspruch auf die Leistung. Diese Form wird vor allem von kleineren Unternehmen bevorzugt, weil der Verwaltungsaufwand sehr gering ist. Auch sind beim Abschluss von Gruppenverträgen die Bedingungen günstiger als bei Einzelverträgen.

Die Versicherungsgesellschaft hat strenge Auflagen für die Anlage ihrer Gelder zu befolgen. Beispielsweise dürfen nur 35 % der Mittel in Aktien angelegt werden. Kursschwankungen an der Börse beeinflussen die Erträge der Versicherungsgesellschaft deshalb geringer als bei Pensionsfonds. Werden Überschüsse erzielt, dann erhalten die Versicherten davon mindestens 90 %. Die Inanspruchnahme der Riester-Förderung ist möglich.

Vom Arbeitgeber gezahlte Beiträge sind bis zu vier Prozent der Beitragsbemessungsgrenze in der gesetzlichen Rentenversicherung steuerfrei. In dieser Höhe sind auch die Beiträge sozialversicherungsfrei, unabhängig davon ob sie vom Arbeitgeber oder vom Arbeitnehmer gezahlt werden.

8.10.6 Der Pensionsfonds

Der Pensionsfonds ist ein vom Unternehmen unabhängiger selbstständiger Versorgungsträger, der von einem Arbeitgeber oder branchenübergreifend gegründet werden kann. Er kann in der Rechtsform einer Aktiengesellschaft oder eines Pensionsfondsvereins auf Gegenseitigkeit gegründet werden. Der Pensionsfonds zahlt lebenslange Altersrenten in Höhe der vom Arbeitgeber erbrachten Versorgungszusagen. Finanziert wird der Pensionsfonds durch Zuwendungen vom Arbeitgeber, die als Betriebsausgaben abgezogen werden können und/oder durch Gehaltsumwandlungen.

Pensionsfonds dürfen ihre Anlagegelder uneingeschränkt in börsennotierte Aktien oder Aktienfonds investieren. Dadurch wird durch mögliche Kursgewinne die Renditechance höher, die zu einer höheren Altersrente führen kann. Allerdings besteht auch das Risiko von Kursverlusten. Wie viel Rente Arbeitnehmer später einmal aus ihrem Pensionsfonds erhalten, ist ungewiss. Deshalb ist es wichtig, dass vom Pensionsfonds eine bestimmte Rentenhöhe garantiert wird. Wegen der risikoreichen Anlage muss die Garantiesumme aus Vorsichtsgründen niedriger sein als bei einer Direktversicherung oder einer Pensionskasse.

Es können bis zu vier Prozent des Bruttolohnes (begrenzt durch die Beitragsbemessungsgrenze) steuer- und sozialversicherungsfrei in den Pensionsfonds eingezahlt werden.

8.10.7 Entgeltumwandlung

Seit 01.01.2002 können Arbeitnehmer von ihrem Arbeitgeber verlangen, dass von ihrem Gehalt jährlich bis maximal vier Prozent der Beitragsbemessungsgrenze der gesetzlichen Rentenversicherung einer betrieblichen Altersversorgung zugeführt werden. Höhere Beträge können zwischen Arbeitgeber und Arbeitnehmer vereinbart werden. Dadurch ist die betriebliche Altersversorgung keine freiwillige soziale Einrichtung mehr. Diesen Anspruch haben nur Arbeitnehmer, die Pflichtbeiträge zur gesetzlichen Rentenversicherung zu zahlen haben.

Wie die betriebliche Altersversorgung durchgeführt werden soll, muss zwischen Arbeitgeber und Arbeitnehmer vereinbart werden. Bietet der Arbeitgeber die Durchführung über eine Pensionskasse oder einen Pensionsfonds an, dann erfolgt die Durchführung auf diesem Weg. Macht der Arbeitgeber kein solches Angebot, dann kann der Arbeitnehmer die Durchführung über eine Direktversicherung verlangen (§ 1a Abs. 1 BetrAVG).

8.10.8 Anpassungspflicht von Betriebsrenten (§ 16 BetrAVG)

Der Arbeitgeber hat alle drei Jahre zu prüfen, ob die Versorgungsleistungen anzupassen sind. Nach der Rechtsprechung des Bundesarbeitsgerichts ist die Anpassung mindestens in Höhe der Teuerungsrate (Inflationsrate) vorzunehmen. Die Anpassung der betrieblichen Altersversorgung kann unterbleiben, wenn dadurch eine übermäßige Belastung für den Arbeitgeber eintritt, z. B. wenn dadurch Arbeitsplätze im Unternehmen gefährdet würden.

8.10.9 Pensionssicherungsverein

Muss das versicherte Unternehmen Insolvenz anmelden und kann die seinen Mitarbeitern gemachte Zusage nicht mehr einhalten, dann tritt der Pensionssicherungsverein aG ein und zahlt den Mitarbeitern die zugesicherten Versorgungsleistungen. Bei folgenden Formen der betrieblichen Altersversorgung müssen die Unternehmen Pflichtbeiträge an den Pensionssicherungsverein zahlen: Direktzusage, Unterstützungskasse und Pensionsfonds.

Auch bei einer Direktversicherung müssen Beiträge gezahlt werden, wenn der Arbeitgeber den Vertrag beliehen oder verpfändet hat.

8.10.10 Übergang zur nachgelagerten Besteuerung

Bisher wurden die fünf Durchführungswege zur betrieblichen Altersversorgung teilweise steuerlich unterschiedlich behandelt. In einer Übergangszeit wird dieser Unterschied durch Einführung der nachgelagerten Besteuerung stufenweise abgeschafft. Das heißt im Ergebnis, dass Beiträge zum Zeitpunkt der Zahlung einkommensteuerfrei und erst die Renten bei Auszahlung steuerpflichtig sind.

8.11 Die Sozialgerichtsbarkeit

Für alle Streitigkeiten auf dem Gebiet des Sozialrechts gibt es eine besondere Sozialgerichtsbarkeit mit drei Instanzen (Sozialgericht, Landessozialgericht, Bundessozialgericht). Sie ist zuständig für Streitigkeiten in Angelegenheiten der Sozialversicherung, der Arbeitslosenversicherung und der Kriegsopferversorgung. In Angelegenheiten der Sozialhilfe sind die Verwaltungsgerichte zuständig.

Das **Sozialgericht** ist mit einem Berufsrichter und zwei ehrenamtlichen Richtern besetzt. Das Landessozialgericht entscheidet über die Berufung, das Bundessozialgericht über die Revision.

Dem Verfahren vor den Gerichten geht, von Ausnahmen abgesehen, ein Vorverfahren voraus. Auf schriftlichen Widerspruch gegen einen Verwaltungsakt (Bescheid) entscheidet zunächst die bei dem Versicherungsträger errichtete Widerspruchsstelle durch Widerspruchsbescheid. Erst gegen diesen Widerspruchsbescheid kann vor dem Sozialgericht geklagt werden.

Formen der betrieblichen Altersversorgung		
	Direktzusage	**Unterstützungskasse**
Träger der Versicherung	Unternehmen	Vom Arbeitgeber gegründeter rechtsfähiger Verein
Finanzierung	In der Regel allein durch Leistungen des Unternehmens Entgeltumwandlung möglich	Leistungen des Unternehmens, Kapitalerträge, Entgeltumwandlung möglich
Vorschriften zur Anlage des Kapitals	Als Pensionsrückstellung im Unternehmen	Keine Vorschriften Auch Anleihe an das eigene Trägerunternehmen möglich
Risiken und Risikoabsicherung	Bei Insolvenz tritt Pensions-Sicherungsverein ein.	Bei Insolvenz tritt Pensions-Sicherungsverein ein.
Riester-Förderung	Riester-Förderung nicht möglich	Riester-Förderung nicht möglich
Steuern und Sozialabgaben	Rückstellungsbetrag mindert den steuerpflichtigen Gewinn Keine Sozialabgaben, wenn Leistungen allein vom Unternehmen finanziert werden	Leistungen des Arbeitgebers sind in unbegrenzter Höhe steuer- und abgabefrei.
Rentenanpassung	Rentenanpassung Pflicht	Rentenanpassung Pflicht

Pensionskasse	Direktversicherung	Pensionsfonds
Vom Arbeitgeber gegründeter rechtsfähiger Verein (Versicherungsverein aG)	Privatwirtschaftliches Versicherungsunternehmen	Vom Arbeitgeber gegründete Aktiengesellschaft oder Pensionsfondsverein a. G.
Leistungen des Unternehmens, Kapitalerträge, Entgeltumwandlung	Leistungen des Unternehmens, Überschusserträge, Entgeltumwandlung	Leistungen des Unternehmens, Kapitalerträge, Entgeltumwandlung
Strenge Vorschriften	Strenge Vorschriften. Nur 35 % des Deckungskapitals dürfen in Aktien angelegt werden.	Uneingeschränkte Anlage in Aktien oder Aktienfonds erlaubt
Keine Pflicht zur Insolvenzabsicherung	Pflicht zur Insolvenzabsicherung nur, wenn Vertrag vom Unternehmen beliehen oder verpfändet wird	Erhöhtes Risiko wegen freier Anlagemöglichkeit in Aktien und Aktienfonds mit Auswirkung auf Rentenhöhe. Pflicht zur Insolvenzabsicherung
Riester-Förderung kann in Anspruch genommen werden.	Riester-Förderung kann in Anspruch genommen werden.	Riester-Förderung kann in Anspruch genommen werden.
Bei Entgeltumwandlung Beiträge bis zu 4 % der Beitragsbemessungsgrenze zur gesetzlichen Rentenversicherung steuer- und sozialabgabefrei. Zusätzlich 1 800 EUR steuerfrei aber sozialabgabepflichtig.	Bei Entgeltumwandlung Beiträge bis zu 4 % der Beitragsbemessungsgrenze zur gesetzlichen Rentenversicherung steuer- und sozialabgabefrei. Zusätzlich 1 800 EUR steuerfrei aber sozialabgabepflichtig.	Bei Entgeltumwandlung Beiträge bis zu 4 % der Beitragsbemessungsgrenze zur gesetzlichen Rentenversicherung steuer- und sozialabgabefrei. Zusätzlich 1 800 EUR steuerfrei aber sozialabgabepflichtig.
Keine Rentenanpassungspflicht	Keine Rentenanpassungspflicht	Keine Rentenanpassungspflicht

Kapitel 8

Aufgaben

1 Begriffe im System der sozialen Sicherheit

Ordnen Sie die unten stehenden Aussagen a) bis f) den Begriffen 1 bis 3 zu!

- [1] Sozialbudget
- [2] Sozialleistungsquote
- [3] Sozialleistungsziffer

Geben Sie für Aussagen, die nicht zurechenbar sind, eine [0] an!

a) Ausgaben nach dem Prinzip der Sozialversorgung pro Kopf der Bevölkerung
b) Aufstellung der Gesamtheit aller Leistungen der Sozialversicherung, ihre Aufteilung auf die Versicherungszweige und ihre Finanzierung
c) Prozentualer Anteil der Sozialleistungen am Sozialprodukt
d) Ausgaben für Sozialleistungen pro Kopf der beschäftigten Arbeitnehmer
e) Aufstellung der Gesamtheit der sozialen Leistungen, ihre Aufteilung in Bereiche und ihre Finanzierung
f) Ausgaben für Sozialleistungen pro Kopf der Bevölkerung

2 Prinzipien der sozialen Sicherung

Der Verfassungsauftrag der Sozialstaatlichkeit wird in der Bundesrepublik Deutschland durch drei Grundprinzipien verwirklicht:

- [1] das Versicherungsprinzip
- [2] das Versorgungsprinzip
- [3] das Sozialhilfeprinzip

1. Ordnen Sie diesen Prinzipien die nachstehenden Beispiele für Leistungen zu!

a) Barleistung an einen Rentner, der eine zu niedrige Altersrente bezieht
b) Zahlung von Kindergeld
c) Zahlung von Arbeitslosengeld I
d) Zahlung einer Unfallrente an Hinterbliebene

2. Geben Sie für jedes der drei Grundprinzipien sozialer Sicherung (Versicherung, Versorgung, Sozialhilfe) an, welche der folgenden Voraussetzungen gegeben sein müssen, damit eine Leistung gewährt wird!

a) Beiträge während des Erwerbslebens
b) Nachweis von Bedürftigkeit
c) Es genügt, dass ein gesetzlich festgelegter Grund nachgewiesen wird
d) Erreichen der Regelalterszeit + Hilfsbedürftigkeit

3 Beitragsbemessungsgrenzen und Pflichtversicherungsgrenze in der Sozialversicherung

Welche der folgenden Aussagen ist richtig, welche falsch?

a) Die Beitragsbemessungsgrenze gibt an, von welcher Höhe des Einkommens ab das Mitglied beitragsfrei versichert ist.
b) In der Unfallversicherung gibt es keine Beitragsbemessungsgrenze.
c) Wer ein Einkommen über der Pflichtversicherungsgrenze hat, muss aus der gesetzlichen Versicherung ausscheiden.

d) Wer ein Einkommen erzielt, das über der Versicherungspflichtgrenze liegt, muss sich nicht krankenversichern.
e) In der Rentenversicherung gibt es keine Versicherungspflichtgrenze.
f) In der Arbeitslosenversicherung gibt es eine Versicherungspflichtgrenze, aber keine Beitragsbemessungsgrenze.

4 Versicherungspflicht

Der bisher selbstständige Buchhändler Klaus Neumann hat nach einem schweren Unfall bleibende gesundheitliche Folgen erlitten, die eine ständige, regelmäßige ärztliche Kontrolle sowie Bäder und Massagen erforderlich machen. Er hat deshalb sein Geschäft aufgegeben und findet eine Anstellung in der Kölner Fachbuchhandlung Schober und Söhne. Er bezieht ein Gehalt von monatlich 2 900,00 EUR brutto. Seine Frau ist berufstätig und bei der AOK versichert.

a) Stellen Sie fest, ob Neumann durch die Aufnahme dieser Angestelltentätigkeit sozialversicherungspflichtig geworden ist!
b) Neumann war bisher bei der Allgemeinen Deutschen Privaten Krankenversicherungs-Aktiengesellschaft gegen Krankheit versichert. Könnte er dort weiter versichert bleiben, wenn er das wollte?
c) Neumann beantragt die Aufnahme in die Allgemeine Ortskrankenkasse (AOK). Darf die AOK die Aufnahme unter Hinweis auf das schon bestehende Vorleiden ablehnen?
d) Wer hat die Entgeltfortzahlungskosten zu tragen, wenn Neumann auf seinem neuen Arbeitsplatz recht häufig ein bis zwei Wochen wegen Krankheit fehlt?

5 Leistungen der Sozialversicherung

Wer zahlt bzw. erbringt die Leistungen in den unten aufgezählten Fällen a) bis g)?
- [1] Bundesagentur für Arbeit
- [2] gesetzliche Krankenversicherung (AOK oder Ersatzkasse)
- [3] Berufsgenossenschaft
- [4] Deutsche Rentenversicherung
- [5] Pflegekasse

Ordnen Sie dem zuständigen Leistungsträger den Kennbuchstaben der folgenden Fälle zu:
a) Kosten für Vorsorgeuntersuchungen
b) Arbeitslosengeld II (Grundsicherung für Arbeitsuchende)
c) Krankenversicherungsbeitrag von Arbeitslosen
d) Krankenhauskosten nach einem Arbeitsunfall
e) Altersruhegeld
f) Berufsfördernde Leistungen zur Rehabilitation
g) Pflegebedingte Aufwendungen bei stationärer Pflege

6 Rentenversicherung: Generationenvertrag

Modellberechnungen in Anlehnung an Berechnungen des Statistischen Bundesamtes haben ergeben: Die Bevölkerung der Bundesrepublik Deutschland wird bis zum Jahre 2030 zurückgehen

– im Modell A auf 55 Millionen,

– im Modell B auf 39 Millionen,

– im Modell C auf 32 Millionen.

Dabei kommt es zu einer tief greifenden Veränderung des Altersaufbaus der Bevölkerung.

Personen im Alter von 60 und mehr Jahren, die auf 100 Personen im Alter von 15 bis unter 60 Jahren kommen:

	1975	1980	1985	1990	1995	2000	2010	2030
Modell A	37	32	33	34	37	35	36	42
Modell B	37	32	33	34	38	39	44	60
Modell C	37	32	33	34	39	42	52	80

Die gesetzliche Rentenversicherung wird aufgrund des sog. „Generationenvertrags" nach dem Umlageprinzip finanziert.

Welche Auswirkungen hat diese Bevölkerungsentwicklung auf die Finanzierung der gesetzlichen Rentenversicherung?

7 Leistungen der Bundesagentur für Arbeit

Nach den Sozialgesetzbüchern II und III gewährt die Bundesagentur für Arbeit Leistungen u. a. in Form von

- ☐1 Kurzarbeitergeld
- ☐2 Arbeitslosengeld I
- ☐3 Arbeitslosengeld II
- ☐4 Insolvenzgeld
- ☐5 Saison-Kurzarbeitergeld
- ☐6 Keine Leistung der Arbeitsagentur

Ordnen Sie diesen Formen der Leistung (1 bis 6) die entsprechende Erklärung aus der unten stehenden Aufzählung zu!

a) Leistungen zum Ausgleich eines Lohnausfalls wegen vorübergehender erheblicher Absatzschwierigkeiten des Betriebs.

b) Ausgleich des wegen Zahlungsunfähigkeit des Arbeitgebers ausgefallenen Arbeitsentgelts.

c) Barleistung an Arbeitslose, die bei der Agentur für Arbeit arbeitslos gemeldet sind, der Arbeitsvermittlung zur Verfügung stehen und dafür für eine bestimmte Zeit (Anwartschaftszeit) Beiträge bezahlt haben.

d) Leistungen an Bauarbeiter wegen Arbeitsmangel in der Winterzeit.

e) Leistungen an Hilfsbedürftige, die wegen längerfristiger Erkrankungen vorübergehend erwerbsunfähig sind.

f) Barleistung an bedürftige Arbeitslose, die bei der Agentur für Arbeit arbeitslos gemeldet sind, der Arbeitsvermittlung zur Verfügung stehen, keinen Anspruch auf Versicherungsleistungen erworben oder ihn bereits ausgeschöpft haben und hilfsbedürftig sind.

8 Zuständigkeit von Arbeitsgericht und Sozialgericht

Entscheiden Sie über die Zuständigkeit von Arbeitsgericht und Sozialgericht!

 1 Zuständigkeit des Arbeitsgerichts
 2 Zuständigkeit des Sozialgerichts
 3 Weder Arbeitsgericht noch Sozialgericht sind zuständig

a) Klage eines Arbeitgeberverbandes, einen Warnstreik für unzulässig zu erklären.
b) Klage auf Zahlung einer Verletztenrente aufgrund eines Arbeitsunfalls.
c) Klage aus einem Sozialplan.
d) Klage gegen den Schadenverursacher auf Zahlung von Schadenersatz. Der Schaden ist bei einem Verkehrsunfall entstanden, der sich auf dem Weg zwischen Wohnung und Arbeitsstätte ereignet hat.
e) Klage gegen den Arbeitgeber wegen einer sozial ungerechtfertigten Kündigung.
f) Klage eines Arbeitgebers gegen seinen früheren Arbeitnehmer auf Rückzahlung eines Darlehens.

Wiederholungsfragen

1. Welche Ziele hat das Sozialrecht?
2. Mit welchen Grundprinzipien wird der Verfassungsauftrag der Sozialstaatlichkeit in der Bundesrepublik Deutschland verwirklicht?
3. Was versteht man unter dem sozialen Netz?
4. Worüber gibt das Sozialbudget Auskunft?
5. Was versteht man unter Sozialleistungsquote, was unter Sozialleistungsziffer?
6. Welche Zweige umfasst die Sozialversicherung?
7. Auf welche Weise wird die Selbstverwaltung in der Sozialversicherung durchgeführt?
8. Wozu dient der Sozialversicherungsausweis?
9. Welche Bedeutung hat die Beitragsbemessungsgrenze und in welchen Zweigen der Sozialversicherung gibt es sie?
10. Wann wird eine Beschäftigung aus der Sicht der Sozialversicherung als geringfügig angesehen?
11. Welche Aufgabe hat die gesetzliche Krankenversicherung?
12. Wer ist versicherungspflichtig bei der gesetzlichen Krankenversicherung?
13. Wer ist Träger der gesetzlichen Krankenversicherung?
14. Wer kann freiwillig Mitglied der gesetzlichen Krankenversicherung werden?
15. Welche Leistungen erbringt die gesetzliche Krankenkasse im Einzelnen?
16. Wer legt die Beitragssätze der gesetzlichen Krankenkassen fest?
17. Wer ist versicherungspflichtig zur Pflegeversicherung?
18. Wer ist Träger der Pflegeversicherung?
19. Welche Leistungen erbringt die Pflegeversicherung?

Kapitel 8

20. In welcher Weise erfolgt die Finanzierung der Pflegeversicherung?
21. Welche Aufgabe hat die gesetzliche Rentenversicherung?
22. Wer ist versicherungspflichtig bei der gesetzlichen Rentenversicherung?
23. Wer ist versicherungsberechtigt bei der gesetzlichen Rentenversicherung?
24. Welche Leistungen erbringt die gesetzliche Rentenversicherung im Einzelnen?
25. Was versteht man unter dem Generationenvertrag?
26. Was besagt das Prinzip der dynamischen Rente?
27. Wie erfolgt die Finanzierung der gesetzlichen Rentenversicherung?
28. Nennen Sie Ziele, die durch Maßnahmen nach dem Sozialgesetzbuch III – Arbeitsförderung – erreicht werden sollen!
29. Wer ist Träger der Arbeitsförderung?
30. Wer hat Anspruch auf Arbeitslosengeld I?
31. Wer hat Anspruch auf Arbeitslosengeld II?
32. Welche Aufgaben hat die gesetzliche Unfallversicherung?
33. Wer ist Träger der gesetzlichen Unfallversicherung?
34. Wer ist in der gesetzlichen Unfallversicherung versichert?
35. Wie wird die gesetzliche Unfallversicherung finanziert?
36. Wer hat Anspruch auf Sozialhilfe?
37. Was bedeutet der Grundsatz der Nachrangigkeit der Sozialhilfe?
38. Für welche Fälle ist das Sozialgericht zuständig?
39. Wie ist die Sozialgerichtsbarkeit aufgebaut?
40. Auf welchen drei Säulen ruht die Altersversorgung in Deutschland?
41. Welche Formen der betrieblichen Altersvorsorge gibt es?
42. Wie unterscheiden sich die Formen der betrieblichen Altersversorgung Direktzusage und Direktversicherung?

Abkürzungsverzeichnis

AGG	Allgemeines Gleichbehandlungsgesetz
AktG	Aktiengesetz
ALG	Arbeitslosengeld
AOK	Allgemeine Ortskrankenkasse
ArbGG	Arbeitsgerichtsgesetz
ArbPlSchG	Arbeitsplatzschutzgesetz
ArbSchG	Arbeitsschutzgesetz
ArbZG	Arbeitszeitgesetz
AÜG	Arbeitnehmerüberlassungsgesetz
BA	Bundesagentur für Arbeit
BAföG	Bundesausbildungsförderungsgesetz
BAG	Bundesarbeitsgericht
BBiG	Berufsbildungsgesetz
BEEG	Bundeselterngeld- und Elternzeitgesetz
BEK	Barmer Ersatzkasse
BetrVG	Betriebsverfassungsgesetz
BGB	Bürgerliches Gesetzbuch
BGH	Bundesgerichtshof
BUrlG	Bundesurlaubsgesetz
DAK	Deutsche Angestellten-Krankenkasse
DGB	Deutscher Gewerkschaftsbund
DrittelbG	Gesetz über die Drittelbeteiligung der Arbeitnehmer im Aufsichtsrat (Drittelbeteiligungsgesetz)
EntgFG	Entgeltfortzahlungsgesetz
EG	Europäische Gemeinschaft
EU	Europäische Union
Fünftes VermBG	Fünftes Vermögensbildungsgesetz
GKV	Gesetzliche Krankenversicherung
GmbHG	GmbH-Gesetz
HGB	Handelsgesetzbuch
InsO	Insolvenzordnung
JArbSchG	Jugendarbeitsschutzgesetz
KSchG	Kündigungsschutzgesetz
MontanMitbestG	Montan-Mitbestimmungsgesetz
MuSchG	Mutterschutzgesetz
NachwG	Nachweisgesetz
PSA	Personal-Service-Agentur
SchwarzArbG	Schwarzarbeitsbekämpfungsgesetz
SGB I	Sozialgesetzbuch – Allgemeiner Teil
SGB II	Sozialgesetzbuch – Grundsicherung für Arbeitsuchende
SGB III	Sozialgesetzbuch – Arbeitsförderung
SGB V	Sozialgesetzbuch – Gesetzliche Krankenversicherung
SGB VI	Sozialgesetzbuch – Gesetzliche Rentenversicherung
SGB VII	Sozialgesetzbuch – Gesetzliche Unfallversicherung
SGB IX	Rehabilitation und Teilhabe behinderter Menschen
SGB XI	Sozialgesetzbuch – Soziale Pflegeversicherung
SGB XII	Sozialgesetzbuch – Sozialhilfe
TVG	Tarifvertragsgesetz
UWG	Gesetz gegen den unlauteren Wettbewerb
Ver.di	Vereinigte Dienstleistungsgewerkschaft

Sachwortverzeichnis

A

Abfindung
- bei betriebsbedingter Kündigung 37

Abmahnung 34
Abschlussfreiheit 18
Abschlussverbote 18
Abteilungsversammlung 77
Abwehraussperrung 67
Agentur für Arbeit 118
Aktueller Rentenwert 117
Altersrenten 114
Altersteilzeitarbeit 57
Änderungskündigung 31
Angestellte
- leitende 10, 77

Anhörungspflicht 23, 26, 76
Arbeitgeber
- Pflichten 25 ff.
- Rechte 26

Arbeitnehmer
- Pflichten 20 ff.
- Rechte 23
- wirtschaftliche und soziale Stellung 9

Arbeitnehmerähnliche Personen 10
Arbeitnehmereigenschaft 10
Arbeitnehmerhaftung 22
Arbeitnehmerüberlassungsvertrag 58
Arbeitsdirektor 87, 89
Arbeitsförderung
- Aufgaben 118 f.
- Finanzierung 122
- gesetzliche Grundlagen 118
- Leistungen 120 f.
- Träger 118

Arbeitsgerichtsbarkeit 49 f.
Arbeitskampf 65 ff.
- Ablauf 68 f.
- Anspruch auf Arbeitslosengeld 70 f.
- Aussperrung 67
- Auswirkungen 69 f.
- Grundsätze rechtmäßiger Kampfführung 65
- Mittel 65 ff.
- Neutralität der Bundesanstalt 70 f.
- Schlichtung 67 f.
- Streik 65 f.

Arbeitslosengeld 120 f.
Arbeitslosengeld II 123 f.
Arbeitslosenversicherung 118 ff.
- Arbeitsmarktpolitik 119 f.
- Beschäftigungspolitik 118 f.
- Versicherte 119

Arbeitspflicht 21 f.
Arbeitsrecht
- Anwendungsbereich 10
- Aufgaben 9 f.
- autonomes 12
- Gesetzesrecht 11
- Rechtsgebiete 13 f.
- Rechtsquellen 11 ff.
- Richterrecht 12
- staatlich gesetztes 11
- ungeschriebenes 12
- vertraglich geschaffenes 12
- Wesen 9

Arbeitsrechtliche Bestimmungen im Grundgesetz 11
Arbeitsschutz
- Begriff 42

Arbeitsschutzrecht 42 ff.
Arbeitsverhältnis 16 ff.
- Beendigung 29 ff.
- Entstehung 16 f.
- Kündigung 30 ff.

Arbeitsvermittlung 17, 119
Arbeitsvertrag 16 ff.
- Abschluss 18 f.
- Abschluss durch Minderjährige 19
- Anbahnung 17 f.
- Beispiel 23 f.
- Einstellungsverhandlungen 17
- Niederschrift 19
- Pflichten des Arbeitgebers 25 ff.
- Pflichten des Arbeitnehmers 20 f.
- Rechte des Arbeitgebers 26
- Rechte des Arbeitnehmers 23
- Zustimmungspflicht 19

Arbeitszeitschutz 44 ff.
- allgemeiner 44
- für besondere Arbeitnehmergruppen 45

Arbeitszeugnis
- einfaches 35
- qualifiziertes 35

Aufhebungsvertrag 29 f.
Aufsichtsrat
- Zusammensetzung nach Drittelbeteiligungsgesetz 87
- Zusammensetzung nach Mitbestimmungsgesetz 87 f.
- **Zusammensetzung nach Montan-Mitbestimmungsgesetz 88 f.**

Ausbildungsordnung 53
Ausbildungsvergütung 54
Ausbildungsverhältnis 52 ff.
- Beendigung 54

Ausbildungsvertrag 52 ff.
- Pflichten des Ausbildenden 53 f.
- Pflichten des Auszubildenden 54

Außerordentliche Kündigung 33 f.
Aussperrung 67

B

Beendigung des Arbeitsverhältnisses 29 ff.
- Fristen 31 f.
- Gründe 29 f.

Befristete Arbeitsverhältnisse 55 f.
Beitragsbemessungsgrenze 100 f.
Berufsausbildungsverhältnis 52 ff.
- Niederschrift des Ausbildungsvertrags 53
- Pflichten des Ausbildenden 53 f.
- Pflichten des Auszubildenden 54
- Probezeit 54

Berufsausbildungsvertrag
- Abschluss 53

Berufsberatung 119
Berufsgenossenschaft 125
Berufsschultage
- und Arbeitszeit 45

Beschäftigungspflicht 26
Beteiligungsrechte des Arbeitnehmers 76
- auf der Ebene des Arbeitsplatzes 76

Betrieb 75
Betriebliche Altersversorgung 128 ff.
Betriebliche Übung 12
Betriebsgeheimnis 21
Betriebsrat 78 ff.
- Abstufung der Beteiligungsrechte 81
- allgemeine Aufgaben 80
- Amtszeit 78
- Anhörung 31
- Beteiligung in personellen Angelegenheiten 82 f.
- Beteiligung in sozialen Angelegenheiten 81 f.
- Beteiligung in wirtschaftlichen Angelegenheiten 83 f.
- Errichtung 78
- Europäischer 76
- Wahlrecht 78 f.

Sachwortverzeichnis

– Wahlverfahren 79
– Zusammensetzung 79 f.
Betriebsrente 128 ff.
Betriebsvereinbarung 63
Betriebsverfassung 76 ff.
Betriebsversammlung 77
Bewerbungskosten 17
Bundesagentur für Arbeit 118
– Finanzierung 122

D

Deutscher Gewerkschaftsbund 61
Dienstvertrag 16
Direktionsrecht 21
Direktversicherung 129
Direktzusage 128
Diskriminierungsverbot 19
Drittelbeteiligung 87

E

Einigungsstelle 81, 84
Einstellungsverhandlungen 17
Elektronische Gesundheitskarte 106
Entgeltpunkte
– i. d. Rentenformel 116
Entgeltzahlungspflicht 20, 25
Erwerbsfähigkeit 123
Erwerbsminderungsrente 115
Erziehungsgeld 47
Erziehungsrente 115
Elternzeit 47
Europäischer Betriebsrat 76
Existenzgründer 55

F

Förderung der beruflichen Bildung 119
Formfreiheit 19
Friedenspflicht 62
Fürsorgepflicht 26

G

Gehaltstarifvertrag 63
Generationenvertrag 117
Geringfügige Beschäftigungen 102
Gesamtbetriebsrat 76
Gesetzliche Krankenversicherung 103 ff.
Gesetzliche Kündigungsfristen 31 f.
– abweichende Vereinbarungen 32
Gesetzliche Pflegeversicherung 110 ff.
Gesetzliche Rentenversicherung 112 ff.
Gesetzliche Unfallversicherung 125 ff.

Gestaltungsfreiheit 20
Gesundheitsfonds 108
Gesundheitskarte 106
Gesundheitsreform 103 ff.
Gesundheitsschutz
– allgemeiner 43
– für besondere Arbeitnehmergruppen 43 f.
Gesundheits- und Unfallschutz 43 ff.
Gewerkschaften 61
Gleichbehandlungspflicht 26
Grundsicherung 122 f.
Günstigkeitsprinzip 62

H

Hartz IV 123
Hausarztmodell 108
Haushaltsnahe Beschäftigung 102
Hilfsbedürftigkeit 123 f.
Hinterbliebenenrente 115

I

Individualarbeitsrecht 13
Informationspflicht 26
Informationsrecht des Betriebsrats 81
Insolvenzgeld 122

J

Jobsharing 57 f.
Jugendarbeitsschutz 45
Jugend- und Auszubildendenvertretung 77 f.
– Wahlberechtigung 77 f.

K

Kettenarbeitsverträge 55
Kinderarbeit 43
Koalitionsfreiheit 60
Kollektivarbeitsrecht 13
Krankenbehandlung 106
Krankengeld 106
Krankenversicherung 103 ff.
– Aufgaben 103
– Elektronische Gesundheitskarte 106
– Finanzierung 108 f.
– freiwillige Versicherung 104
– Hausarztmodell 108
– Leistungen 105 ff.
– Patientenquittung 106
– Patientenzuzahlung 106 f.
– Selbstbehaltstarif 108
– Träger 103 f.
– Versicherte 104 f.
– Versicherungspflicht 104 ff.

Kündigung 30 ff.
– Abfindung bei betriebsbedingter 37
– Änderungskündigung 31
– Anhörung des Betriebsrats 31
– außerordentliche 33
– bei Massenentlassungen 38
– betriebsbedingte 37
– für besondere Arbeitnehmergruppen 38 f.
– Kündigungsschutz 36 ff., 47 f.
– Mitwirkung des Betriebsrats 38
– ordentliche 31 ff.
– schwerbehinderte Menschen 39
– Sozialauswahl bei betriebsbedingter 37
– sozial ungerechtfertigte 36 ff.
– Wehrdienstleistende 39
– Zivildienstleistende 39
Kurzarbeitergeld 121 ff.

L

Leiharbeitsverhältnis 58
Leistungskatalog der gesetzlichen Krankenkasse 105 ff.
Lohndrift 68
Lohntarifvertrag 63

M

Manteltarifvertrag 63
Mindestlohn 63
Minijob 102
Mitbestimmung
– Ebenen 75 f.
Mitbestimmungsrecht des Betriebsrats 81 ff.
Mitspracherecht des Betriebsrats 81

N

Nachhaltigkeitsfaktor 117
Nacht- und Schichtarbeit 45
Neutralität der Bundesagentur für Arbeit 70

O

Ordentliche Kündigung
– Kündigungsfristen 31 f.
– Kündigungsgründe 32

P

Paritätische Mitbestimmung 89
Patientenbeauftragter 104
Patientenquittung 106
Patientenzuzahlung 106 f.
Pensionsfonds 130
Pensionskasse 129
Pensions-Sicherungsverein 131

Sachwortverzeichnis

Personal-Service-Agentur 119
Personalvertretung im öffentlichen Dienst 84 f.
Pflegeversicherung 110 ff.
– Aufgaben 110
– Finanzierung 112
– gesetzliche Grundlagen 111
– Leistungen 111 f.
– Versicherte 111
Pflichten des Arbeitgebers
– bei Beendigung des Arbeitsverhältnisses 34 f.
Pflichten des Arbeitnehmers bei Beendigung des Arbeitsverhältnisses 35
Politischer Streik 66

R

Rangordnung arbeitsrechtlicher Regelungen 12 f.
Rangprinzip 13
Rentenartfaktor 116
Rentenformel 116
Rentenversicherung
– Altersgrenzen 114
– Altersrenten 114
– Aufgaben 112
– Finanzierung 117
– gesetzliche Grundlagen 112 f.
– Leistungen 113 ff.
– Nachhaltigkeitsfaktor 117
– Träger 112 f.
– Versicherte 113
Richterrecht 12
Riester-Rente 117 f.
Risikostrukturausgleich 109
Rürup-Rente 118

S

Schadenersatzpflicht des Arbeitnehmers 22 f.
Scheinselbstständigkeit 100
Schlichtung
– staatliche 67 f.
– vereinbarte 67 f.
Schlichtungsverfahren 67 f.
Selbstbehalttarif 108
Soldaten 10
Sonderkündigungsrecht
– in der gesetzlichen Krankenkasse 104

Sozialauswahl
– bei betriebsbedingter Kündigung 36
Sozial ungerechtfertigte Kündigung 36 f.
Soziale Sicherung
– Prinzipien 96
– System 97 f.
Sozialer Arbeitsschutz 42
Soziales Netz 97
Sozialgeld 124
Sozialgerichtsbarkeit 131
Sozialhilfe
– Aufgabe 126 f.
– Leistungen 127 f.
– Träger 127
Sozialleistungsquote 97
Sozialleistungsziffer 97
Sozialplan 83 f.
Sozialrecht
– Ziele 95 f.
Sozialstaatsprinzip 96
Sozialversicherung
– Grundlagen 98 ff.
– im System der sozialen Sicherung 98
– Selbstverwaltung 98 f.
Sozialversicherungsausweis 99 f.
Sozialversorgung 96
Sprecherausschuss 77
Streik 65 ff.
– Fernwirkungen 66
– Kampfparität 65
– Rechtmäßigkeit 66
Streikunterstützung 69
Sympathiestreik 66

T

Tarifautonomie 60
Tarifgebundenheit 63
Tarifpartner 60
Tarifregister 61
Tarifvertrag 60 ff.
– Abschluss 61 f.
– Durchführungspflicht 62
– normativer Teil 62
– obligatorischer Teil 62
Tarifvertragsparteien 60 f.
Technischer Arbeitsschutz 42
Teilzeitarbeitsverhältnis 56 f.
Treuepflicht 21

U

Übermaßverbot 67
Unfallversicherung 125 ff.
– Aufgabe 125
– Finanzierung 126
– gesetzliche Grundlagen 125
– Leistungen 126
– Träger 125
– Versicherte 125 f.
Unternehmen 75
Unternehmensmitbestimmung 86 ff.
– in der Montanindustrie 88 f.
– nach dem Mitbestimmungsgesetz (1976) 87 f.
– Wesen 86
Unterstützungskasse 129
Urlaubsabgeltung 46
Urlaubsanspruch
– Abgeltung 46
– allgemeiner 46
– besondere Arbeitnehmergruppen 46 f.
– schwerbehinderte Menschen 47

V

Verfassungsrecht 11
Vergütungspflicht 25
Versicherungsberechtigte
– in der Rentenversicherung 113
Versicherungspflichtgrenze 100
Versicherungsprinzip 96
Vorstellungsgespräch 17

W

Waisenrente 115
Warnstreik 67
Weisungsrecht 21
Wettbewerbsverbot 21
Widerspruchsrecht des Betriebsrats 81 f.
Wilder Streik 66
Wirtschaftsausschuss 83
Witwenrente 115

Z

Zeugniserteilungspflicht 23, 34 f.
Zeugnissprache 35
Zivildienstleistende 10, 39

Bildquellenverzeichnis

Bergmoser + Höller Verlag AG, Aachen: S. 78, 85, 100

dpa Infografik GmbH, Hamburg: S. 66

Fotolia Deutschland GmbH, Berlin: S. 9 (Gina Sanders), 16 (Liv Friis-Iarsen), 29 (FM2), 42 (Digitalpress), 52 (Pixelot), 60 (FotoLyriX), 74 (Erwin Wodicka), 95 (Pulwey)